Michael Schnabel

Das Elterngespräch
im Kindergarten
erfolgreich vorbereiten, durchführen und auswerten

Auer Verlag GmbH

Der Autor: Michael Schnabel

Mitarbeiter des Staatsinstituts für Frühpädagogik. Der Autor hat jahrelange Erfahrung im Bereich Elternarbeit und gibt Fortbildungen zum Thema Elterngespräche im Kindergarten.

Gedruckt auf umweltbewusst gefertigtem, chlorfrei gebleichtem
und alterungsbeständigem Papier.

1. Auflage 2008
Nach den seit 2006 amtlich gültigen Regelungen der Rechtschreibung
© by Auer Verlag GmbH, Donauwörth
Alle Rechte vorbehalten.
Das Werk und seine Teile sind urheberrechtlich geschützt. Jede Nutzung in anderen als den gesetzlich zugelassenen Fällen bedarf der vorherigen schriftlichen Einwilligung des Verlages. Hinweis zu § 52 a UrhG: Weder das Werk noch seine Teile dürfen ohne eine solche Einwilligung eingescannt und in ein Netzwerk eingestellt werden. Dies gilt auch für Intranets von Schulen und sonstigen Bildungseinrichtungen.
Illustrationen: Norbert Höveler
Umschlagfoto: iStockphoto, fotolia
Satz: fidus Publikations-Service GmbH, Augsburg
Druck und Bindung: R. N. Aubele GmbH, Bobingen
ISBN 978-3-403-06142-7

www.auer-verlag.de

Inhalt

Vorwort 5
Einführung 6

1. Grundlagen 7
1.1 Elterngespräch ist nicht gleich Elterngespräch 7
1.2 Elterngespräche in den Bildungsplänen der Länder 10
1.3 Rechtliche Gesichtspunkte 11

2. Vorüberlegungen und Vorbereitung von Elterngesprächen 13
2.1 Was ist eigentlich Kommunikation? 13
2.2 Die Strukturelemente eines Elterngespräches 18
2.2.1 Die Gesprächsleiterin 20
2.2.2 Die Eltern 27
2.2.3 Das Anliegen 37
2.2.4 Die Rahmenbedingungen 38

3. Die Durchführung von Elterngesprächen ... 45
3.1 Der Verlauf eines Elterngespräches 45
3.1.1 Die Einleitung 45
3.1.2 Der Hauptteil 47
3.1.3 Der Schluss 49
3.2 Worauf bei der Gesprächsführung zu achten ist 50
3.2.1 Was soll im Elterngespräch erreicht werden? 50
3.2.2 Das verständnisorientierte Elterngespräch 51
3.3 Gesprächstechniken 59
3.3.1 Zuhören 60

3.3.2 Gekonnt Fragen stellen 63

3.3.3 Stellung nehmen.. 65

3.4 Unterschiedliche Gesprächsformen verlangen verschiedene Vorgehensweisen......................... 72

3.4.1 Das Vorgehen bei Informationsgesprächen 72

3.4.2 Das Vorgehen bei pädagogischen Beratungsgesprächen......... 73

3.4.3 Das Vorgehen bei Konfliktgesprächen 76

3.5 Typische Stolpersteine in Elterngesprächen 81

4. Die Auswertung von Elterngesprächen 94

4.1 Die inhaltliche Dokumentation 94

4.2 Die Evaluation des Elterngespräches 97

5. Elterngespräche: Ein Fundament der Erziehungs- und Bildungspartnerschaft in Kindertageseinrichtungen................. 103

Anhang

Vorlage 1/1-1/3: Checkliste zur Vorbereitung eines Elterngespräches .. 106

Vorlage 2: Einladung zum Elterngespräch 109

Vorlage 3: Kurzprotokoll zum Elterngespräch 110

Vorlage 4: Elternfragebogen zum Gespräch........................ 111

Vorlage 5: Überlegungen zur Gesprächsführung 112

Vorlage 6: Fragebogen zur eigenen Einschätzung eines Elterngespräches 113

Vorlage 7/1-7/3: Fragebogen zur eigenen Einschätzung eines Elterngespräches 114

Literatur 117

Vorwort

Ein Blick in die Bildungs- und Erziehungspläne aller Länder in der Bundesrepublik Deutschland[1] zeigt die große Bedeutung der partnerschaftlichen Zusammenarbeit von Kindertageseinrichtungen und Eltern. Dort stehen die Persönlichkeit des Kindes und die sich daraus ergebenden Bildungsaufgaben im Mittelpunkt der pädagogischen Überlegungen. Eine Pädagogik, die das Kind und seine Persönlichkeitsentwicklung zum Dreh- und Angelpunkt macht, muss sich bemühen, die Lebenswelt des Kindes zu verstehen. Die Familie ist für Kinder der Ort, der grundlegend ihr Leben und ihre Erfahrungswelt prägt. Daher kann nur eine sehr enge Zusammenarbeit zwischen Kindertageseinrichtungen und Elternhaus hinreichende Chancen für eine erfolgreiche pädagogische Arbeit bringen. Je mehr die Pädagogen über die Familie wissen, desto eher können sie das Verhalten des Kindes verstehen und die Qualität ihrer pädagogischen Arbeit verbessern.[2]

Wie aber werde ich als Erzieherin oder Erzieher diesen neuen Anforderungen gerecht? In der Rolle der Gesprächsleitung bei Elterngesprächen fühlen sich viele Pädagoginnen und Pädagogen noch recht unsicher. Wie muss ich auftreten? Worauf muss ich achten? Wie kann ich ein Gespräch vorbereiten? Was ist bei der Auswertung wichtig?

In diesem Buch finden Sie viele praktische Tipps und Anregungen, die Ihnen bei der Planung, Durchführung und Auswertung der Elterngespräche nützlich sein werden. Sie wurden im Rahmen des Projektes „Kommunikationsfördernde Gesprächsführung mit Eltern in Kindertageseinrichtungen" des Instituts für Frühpädagogik[3] entwickelt und werden hier anhand von typischen Beispielen aus der Praxis anschaulich dargestellt.

Möchten alle mit Freude und Vergnügen die Ausführungen lesen und viel Nutzen für die praktische Arbeit gewinnen!

Michael Schnabel

Hinweis: Zur besseren Lesbarkeit des Textes wird im Folgenden auf eine geschlechterspezifische Unterscheidung verzichtet. Selbstverständlich sind dennoch gleichermaßen weibliche und männliche Personen angesprochen.

---

1 Wenngleich die Erziehungs- und Bildungspläne der einzelnen Länder unterschiedliche Titel besitzen, so werden sie künftig in dieser Publikation als „Bildungspläne" bezeichnet.
2 Vgl. Hebenstreit-Müller, S.; Kühnel, B. (Hrsg.): Integrative Familienarbeit in Kitas. Individuelle Förderung von Kindern und Zusammenarbeit mit Eltern, Berlin 2005.
3 Vgl. Rückert, E.; Schnabel, M.; Minsel, B.: Kommunikationsfördernde Gesprächsführung mit Eltern in Kindertageseinrichtungen. Ergebnisse aus Analysen von Video-Elterngesprächen. IFP-Berichte 10/2000, München 2000.

Einführung

Im Projekt „Kommunikationsfördernde Gesprächsführung mit Eltern in Kindertageseinrichtungen" des Instituts für Frühpädagogik wurde untersucht, wie sich kommunikative Prozesse in Elterngesprächen entwickeln und wie die Gesprächsleiterinnen Elterngespräche gestalten.[4] Aspekte dieser Auseinandersetzung wurden in die vorliegende Publikation aufgenommen.

Ganz bewusst wird in diesem Buch der Originalton der Pädagoginnen und der Eltern hörbar gemacht, indem zahlreiche Äußerungen wörtlich wiedergegeben werden. Dadurch soll erreicht werden, dass die Ausführungen möglichst nah und konkret an den Anforderungen des Alltags in Kindertageseinrichtungen bleiben.

Die Pädagoginnen erzählten und beschrieben bei den Projekttreffen nicht nur ihre Erfahrungen aus den Elterngesprächen, sondern hatten auch viele Praxistipps auf Lager, die bei der Lösung mancher Probleme helfen können. Einige Tipps finden Sie in diesem Buch mit der Kennzeichnung durch einen Notizzettel wieder.

Die Kernaussagen sowie Thesen und Erkenntnisse, die geradezu gesetzmäßigen Charakter in der Gesprächsführung und in Elterngesprächen besitzen, werden besonders deutlich durch Merkkästen herausgehoben.

Elterngespräche so zu führen, dass sich die Eltern angenommen und verstanden fühlen, kann nur durch Übung und praktisches Erproben gelernt und verbessert werden. Dazu gehören kontinuierliches Experimentieren in Gesprächssituationen und kritisches Beurteilen, inwieweit Gespräche gelungen sind. Deshalb werden an vielen Stellen des Buches Anregungen gegeben, wie Gesprächsfertigkeiten geübt werden können. Diese Übungen sind mit dem nebenstehenden Symbol gekennzeichnet.

Weiterhin werden im Anhang in Form von Kopiervorlagen Muster für eine schriftliche Einladung der Eltern zum Gespräch, eine Checkliste zur Gesprächsvorbereitung, ein Protokollblatt sowie Fragebögen zur Auswertung der Gespräche angeboten.

Wer sich noch eingehender mit den in diesem Buch angesprochenen Fragen befassen möchte, findet im Anhang eine ausführliche Liste weiterführender Literatur.

---

4 Vgl. Rückert, E.; Schnabel, M.; Minsel, B.: Kommunikationsfördernde Gesprächsführung mit Eltern in Kindertageseinrichtungen. Ergebnisse aus Analysen von Video-Elterngesprächen. IFP-Berichte 10/2000, München 2000.

1. Grundlagen

1.1 Elterngespräch ist nicht gleich Elterngespräch

Es gibt zwischen Eltern und Pädagoginnen in Kindertageseinrichtungen viele Kontakte und Gespräche. Aber nicht alle Gespräche zwischen Tür und Angel, Gespräche vor bzw. nach einem Elternabend oder Gespräche während eines Projekts können als Elterngespräche bezeichnet werden.

Diese grenzen sich von den sonstigen Gesprächen und Kontakten mit Eltern dadurch ab, dass sich Eltern und Gesprächsleiterin an einem festgesetzten Termin zum ausführlichen Gespräch treffen. Daher hat sich für derartige Elterngespräche auch der Begriff Termingespräche eingebürgert.

Es handelt sich dabei um ein pädagogisches Fachgespräch. Mit anderen Worten: In einem Elterngespräch wird nicht über Gott und die Welt gesprochen, sondern es geht vielmehr um die Entwicklung, Erziehung und Bildung der Kinder.

In der kindorientierten Pädagogik darf das Elterngespräch nicht als isoliertes und punktuelles Geschehen verstanden werden. Vielmehr steht das Elterngespräch in einem Planungs- und Verwertungszusammenhang, der das gesamte pädagogische Handeln einschließt. Denn das Elterngespräch stützt sich auf Gespräche, Beobachtungen und Erfahrungen, die in der pädagogischen Arbeit gewonnen wurden. In einem weiteren Schritt sollen die Informationen und Erkenntnisse aus den Elterngesprächen in die Planung und Durchführung von

1. Grundlagen

Bildungsangeboten einfließen. So entsteht ein sinnvoller und nützlicher Austausch zwischen der pädagogischen Arbeit in den Einrichtungen und den Erfahrungen und Lernmöglichkeiten in den Familien. Damit dieser Erfahrungsaustausch zwischen Eltern und Pädagoginnen ertragreich wird und das pädagogische Handeln weiterbringt, braucht jedes Elterngespräch eine Planung und Vorbereitung, eine überlegte Durchführung und eine kritische Auswertung. Nur solche Anforderungen geben Elterngesprächen den Stempel der Fachlichkeit. Gemäß diesen Überlegungen werden in den folgenden Kapiteln die sich daraus ergebenden Arbeitsschritte – Vorüberlegungen/Vorbereitung, Durchführung und Auswertung – behandelt.

Zu jedem Elterngespräch, das sich als pädagogisches Fachgespräch versteht, gehören:
- Vorüberlegungen und eine gründliche Vorbereitung
- eine zielorientierte, strukturierte Durchführung
- eine Auswertung

Die Grafik zeigt die Arbeitsschritte, die ein Elterngespräch umfasst. Zugleich wird deutlich: Die Auswertung von Elterngesprächen nimmt wiederum erheblichen Einfluss auf die Vorbereitung weiterer Elterngespräche.

Vorbereitung, Durchführung und Auswertung erhalten je nach Thema und Anliegen einen anderen Charakter. So lassen sich grundsätzlich drei verschiedene Arten von Elterngesprächen unterscheiden:

- das Informationsgespräch
- das Beratungsgespräch
- das Konfliktgespräch

Informationsgespräch: Hier stehen der Austausch von Beobachtungen, Erfahrungen und Erlebnissen sowie die Mitteilung von organisatorischen Fragen im Mittelpunkt. Das erste Informationsgespräch ist das Aufnahmegespräch. Auch wenn darin zunächst Formalien und organisatorische Fragen angesprochen werden, so können bei geschickter Gesprächsführung auch aufschlussreiche Zusatzinformationen über das Familienleben ermittelt werden.

Nach Auskunft der meisten Bildungspläne sollten zweimal im Jahr mit allen Eltern Gespräche durchgeführt werden. In der Regel wird es sich dabei um Entwicklungsgespräche handeln: Die Eltern werden darüber informiert, wie ihr Kind die Bildungsangebote annimmt und welche Entwicklungsschritte beobachtet werden konnten.

Am Ende des Kindergartenbesuchs wird den Eltern nochmals der Entwicklungsverlauf des Kindes in der Einrichtung aufgezeigt. Somit ist das Abschlussgespräch weitgehend durch den Informationsaustausch geprägt.

> Informationsgespräche dienen zum gegenseitigen Informationsaustausch und sollen das Verständnis füreinander vertiefen.

Beratungsgespräch: In einem Beratungsgespräch wird ein konkretes Anliegen behandelt.

„Meine Lucia sitzt um 22.00 Uhr immer noch vor dem Fernseher. Wie soll ich es anstellen, dass sie schon um 20.00 Uhr ins Bett geht?"
„Jetzt kommt Mark schon in die Schule und räumt immer noch nicht sein Kinderzimmer auf. Wie motivieren Sie im Kindergarten die Kinder dazu, ihre Spielsachen aufzuräumen?"

Solche Anliegen stellen andere Anforderungen an das Gespräch als ein Informationsgespräch. Die Gesprächspartner sollen miteinander Lösungen für das vorgebrachte Anliegen erarbeiten.

Konfliktgespräch: Bei einem solchen Gespräch werden unterschiedliche Meinungen, Bedürfnisse, Erwartungen und Anforderungen behandelt.

„Ich muss Ihnen offen und ohne Beschönigung sagen: Mit der Betreuung der Hausaufgaben in Ihrem Hort bin ich nicht zufrieden."

So beklagt sich eine Mutter im Elterngespräch. Nach der Überzeugung der Hortleiterin ist es jedoch nicht die Aufgabe des Hortes, einzig und allein für die Erledigung der Hausaufgaben da zu sein. Nun gilt es, die verschiedenen Ansichten möglichst deutlich herauszuarbeiten. In der weiteren Verhandlung sollen praktikable Lösungen entwickelt werden, die beide Parteien zufriedenstellen.

1.2 Elterngespräche in den Bildungsplänen der Länder

Nach dem schlechten Abschneiden des deutschen Bildungssystems in der PISA-Studie wurden umfassende Anstrengungen zur Verbesserung der Bildungsvoraussetzungen unternommen. Auch in der Kleinkindpädagogik gab es vielfache Reformansätze, die konkret in den Erziehungs- und Bildungsplänen ausgewiesen sind. Alle Bildungspläne legen ihrem pädagogischen Ansatz eine enge Kooperation zwischen Elternhaus und Kindertageseinrichtungen zugrunde.[5] In mehreren Bildungsplänen wird ausdrücklich darauf verwiesen, dass die Eltern die ersten und wichtigsten Bindungspersonen ihrer Kinder sind. Kinder erwerben in ihren Familien Kompetenzen und Fertigkeiten, die für das ganze Leben grundlegend sind. Erfahrungen und Erlebnisse in den Familien sind für Kinder auch dahingehend prägend, wie sie später auf neue Lernmöglichkeiten zugehen. Die Erzieherin ist für Kinder in der Regel die erste Bezugsperson außerhalb der Familie, durch die sie institutionelle Bildungsanregungen erleben. Daher ist eine förderliche Beziehung zwischen Eltern und Erziehungspersonal für einen erfolgreichen Start in der Bildungslaufbahn der Kinder unumgänglich. Ein kontinuierlicher Informationsaustausch und gegenseitiges Verstehen sollen die ersten Bildungsbemühungen begleiten. Daher verlangen die meisten Bildungspläne und das SGB VIII in § 22a, dass die Eltern bei Bildungsangelegenheiten beteiligt und eingehend über die Entwicklungsschritte ihrer Kinder informiert werden.

Verschiedene Formen der Kooperation und regelmäßige Elterngespräche können die Forderung nach Bildungs- und Erziehungspartnerschaft einlösen.

Orientierungspunkte für terminierte Elterngespräche aus den Bildungsplänen

- Elterngespräche sind die Grundlage der Erziehungs- und Bildungspartnerschaft.
- Elterngespräche sollen die Bedürfnisse der Kinder und Familien behandeln.
- In den Elterngesprächen können die Erwartungen der Eltern und Erzieherinnen hinsichtlich der Bildung und Erziehung eines Kindes verhandelt werden.
- Elterngespräche tragen zum Verstehen des Kindes bei und sind somit Voraussetzung für kindorientierte Bildungsangebote.
- In den Elterngesprächen sollen Informationen aus den Beobachtungen und Erfahrungen mit dem Kind ausgetauscht werden und somit Einblicke in Entwicklungsverläufe des Kindes gegeben werden.

---

5 Vgl. Textor, M. R.: Die Zusammenarbeit mit Eltern – aus der Perspektive der Erziehungs- und Bildungspläne der Länder. In: Textor, M. R. (Hrsg.): Erziehungs- und Bildungspartnerschaft mit Eltern, Freiburg Basel Wien 2006, S. 11–31.

- In den Elterngesprächen sollen Erziehungsziele und -methoden zwischen Elternhaus und Einrichtung aufeinander abgestimmt werden.
- In den Elterngesprächen soll mit den Eltern das Bildungskonzept der Einrichtung diskutiert werden.
- Elterngespräche können die Erziehungskompetenzen der Eltern stärken.
- Elterngespräche sollen dazu beitragen, dass Übergangssituationen für Kinder erleichtert werden.
- Mehrere Bildungspläne fordern, dass Elterngespräche wenigstens zweimal im Jahr für jedes Kind durchgeführt werden.

1.3 Rechtliche Gesichtspunkte

Wenn Schwierigkeiten in Elterngesprächen auftauchen oder wenn Entwicklungsdefizite von Kindern besprochen werden, so ist es für Fachkräfte selbstverständlich, dass solche Informationen vertraulich behandelt werden müssen. Grundsätzlich unterliegt jeder Informationsaustausch in Elterngesprächen der Schweigepflicht. Ohne Zustimmung der Eltern dürfen Beiträge aus dem Gespräch nicht mit Dritten besprochen werden. Da jedoch Anregungen, Wünsche und Kritik aus den Elterngesprächen für weitere Planungen in Kindertageseinrichtungen richtungweisend sein sollten, müssen die Inhalte der Elterngespräche im Team diskutiert werden. Voraussetzung dafür ist das Einverständnis der Eltern. Ihre Einwilligung kann in einem Erziehungsvertrag gleich bei der Aufnahme in den Kindergarten eingeholt werden.

> Auch wenn Eltern im Elterngespräch sehr persönliche Probleme angeschnitten haben und Vertraulichkeit erwartet wird, so können derartige Gespräche dennoch im Team beraten werden. Dazu werden die Gespräche in allgemeiner Form, beispielsweise „Eine Mutter erzählte ...", oder unter verdeckten Namen besprochen.

Viele Pädagogen sind verunsichert, weil infolge diverser Berichte von Kindesmisshandlungen in den Medien einige Politiker der Meinung sind, im Kindergarten und in der Schule könnten Missstände in den Familien frühzeitig erkannt und angezeigt werden. Werden pädagogische Einrichtungen durch solche Aufträge nicht völlig überfordert? Wie sollen Erzieherinnen reagieren, wenn sie schwerwiegende Erziehungsfehler bei den Eltern vermuten? Gibt es Fälle, bei denen das Jugendamt oder die Polizei verständigt werden muss?

Erzieherinnen und Eltern sollen sich um eine offene und vertrauensvolle Zusammenarbeit bemühen. Eine Anzeige beim Jugendamt oder bei der Polizei zerstört die Grundlage jeglicher Kooperation. Daher kann ein solches Vorgehen nur das allerletzte Mittel sein.

Wenn körperliche Misshandlungen, seelische Gewalt, extreme Vernachlässigung oder sexueller Missbrauch eines Kindes vorliegen, so ist es die Aufgabe des Jugendamtes, für das leibliche und seelische Wohl des Kindes zu sorgen.[6] Wie soll die Erzieherin bei einem derartigen Verdacht vorgehen? In einem ersten Schritt werden Beobachtungen, die beispielsweise auf körperliche Gewalt schließen lassen, mit der Kollegin und eventuell mit der Leiterin des Kindergartens diskutiert. Ein einfühlsames Gespräch mit dem Kind kann zur weiteren Klärung beitragen. So könnten zum Beispiel Striemen auf dem Rücken eines Kindes auch von ersten Bemühungen, das Radfahren zu lernen, herrühren. Erzieherinnen oder Kindergartenleiterinnen, die es sich zutrauen, können ihre Beobachtungen und Vermutungen in einem Elterngespräch vorbringen. Sollte dazu keine Möglichkeit bestehen oder der Verdacht dabei nicht ausgeräumt werden können, so ist eine Kooperation mit weiteren Stellen angesagt – beispielsweise mit dem Träger der Einrichtung, mit Fachberaterinnen des Trägerverbandes oder mit einer Kinderschutzfachkraft. Neuerdings bilden einige Caritasverbände Kinderschutzfachkräfte aus, die bei schwerwiegenden Erziehungsfragen die Erzieherinnen beratend unterstützen.[7] Ebenso sollte das Jugendamt Fachkräfte außerhalb der Dienststelle benennen können, die bei heiklen Fragen eine erste Anlaufstelle für Erzieherinnen sind. Erst wenn alle diese Möglichkeiten ausgeschöpft sind, ist eine Anzeige beim Jugendamt sinnvoll. Steht der gravierende Vorwurf einer Kindesmisshandlung im Raum, so sind die Erzieherinnen von ihrer Schweigepflicht zugunsten des Kindeswohls enthoben.

Warum ist ein derart ausführliches und sorgsam abgewogenes Vorgehen nötig? Zum einen zerstört jeder vorschnelle und ungerechtfertigt geäußerte Verdacht von Erzieherinnen die Grundlage einer Zusammenarbeit mit den angeschwärzten Eltern und trägt zusätzlich zur Rufschädigung der Einrichtung bei. Die betroffenen Eltern könnten sogar gerichtlich gegen die Einrichtung vorgehen, indem sie wegen Verleumdung klagen und zusätzlich Schadensersatz einfordern. Kindesmisshandlungen sind schwerwiegende Verbrechen gegen die Persönlichkeitsrechte des Kindes, daher muss zweifellos jedem Verdacht nachgegangen werden. Zugleich soll aber ein sorgfältiges Vorgehen und Überprüfen möglichst ungerechtfertigte Vorwürfe gegen die Eltern ausschließen.

---

6 Vgl. Hane, W.: Beratungsgespräche mit Eltern bei kindlichen Verhaltensauffälligkeiten, Kissing 1997, S. 9.
7 Vgl. Hüls, C.: Schutzplan auch ohne Jugendamt – Caritas hilft den Kindergärten. In: http://www.derwesten.de/nachrichten/staedte/altena

2. Vorüberlegungen und Vorbereitung von Elterngesprächen

2.1 Was ist eigentlich Kommunikation?

Elterngespräche lassen sich effektiv planen und erfolgreich durchführen, wenn Erkenntnisse aus der Kommunikationsforschung beachtet werden. Wenn der Gesprächsleiterin wissenschaftlich ermittelte Zusammenhänge und Gesetzmäßigkeiten bekannt sind, kann sie gelassener und kompetenter reagieren. Deshalb werden hier kurz einige kommunikative Grundlagen dargestellt.

Gesprächsleiterin, Eltern und Gesprächsanliegen sind durch das Gespräch in eine Dynamik von Prozessen verstrickt: dem Kommunikationsprozess. „Denken Sie an ein Tennisspiel, an Tischtennis oder ein sonstiges Ballspiel!", forderte unser Psychologieprofessor im Seminar zur Gesprächsführung die Studierenden auf, um die Prozesse der Kommunikation zu veranschaulichen. Denn eine Definition von Kommunikation ist meist unanschaulich und trocken: „Im allgemeinsten Sinne können wir Kommunikation als einen Prozess definieren, in dessen Verlauf Information von einem Sender an einen Empfänger übermittelt wird."[8]

> Wenn Menschen zusammenkommen, findet immer ein Austausch von Informationen statt. Dieser Informationsaustausch wird als Kommunikation definiert.

> Üben Sie, ins Spiel einzugreifen! Wenn vor einer Teambesprechung oder bei einer Fachtagung drei, vier oder fünf Kolleginnen beieinanderstehen und in heftige Diskussionen verwickelt sind, so versuchen Sie, sich in die Debatte hineinzudrängen. Das sollten Sie aber nur bei gut bekannten Kolleginnen machen, die Ihnen diese Rüpelei nicht krummnehmen!

Beispielsweise kommuniziert eine Mutter, die vor dem Büro sitzt und auf das Elterngespräch wartet, mit den vorbeihastenden Erzieherinnen: Sie lächelt vielleicht, schaut gelangweilt oder dreht sich ungeduldig zur Eingangstür. Ohne Worte wird deutlich die Beziehung von der Gesprächsleiterin zur Mutter definiert. Die Gesprächsleiterin bringt durch ihr Verhalten zum Ausdruck, welchen Stellenwert sie dem Gespräch beimisst, weil es anscheinend in ihren Augen

---

8 Vgl. Forgas, J. P.: Soziale Interaktion und Kommunikation. Eine Einführung in die Sozialpsychologie, München Weinheim 1995/3, S. 106.

noch viele wichtigere Dinge zu erledigen gibt und sie meint, die Gesprächspartnerin bedenkenlos warten lassen zu können.

Kommunikation geschieht verbal und nonverbal.

Bei vielen Teilnehmern von Gesprächstrainings steht die Überzeugung oben an, dass stichhaltige und elegante Sätze alles erreichen können. Wissenschaftliche Forschungen allerdings zeigen, dass die Wortwahl und die verbalen Argumente nur einen kleinen Teil einer Mitteilung ausmachen, die die Gesprächspartner erreichen. (Manche Autoren sprechen von 7 %, andere von 20 %!). Das Auftreten, die Mimik, die Gestik, die Körperhaltung und die Stimmmodulation tragen entscheidend dazu bei, wie man bei seinem Gesprächspartner ankommt. Es ist nicht nur wichtig, was man sagt, sondern auch, wie man es sagt!

Versuchen Sie probeweise folgendes Experiment: Sie stehen mit gesenktem Kopf da, den Blick auf den Boden gerichtet, und sagen völlig lustlos und gelangweilt: „Ich bin voller Begeisterung!"
Es ist kaum möglich! Es geht uns total gegen den Strich, weil sich Haltung und Aussage gegenseitig den Garaus machen. Die Übung macht klar, dass Kommunikation unterbunden wird, wenn Aussagen und Ausdrucksverhalten nicht zusammenpassen oder sich sogar widersprechen.

Augen, Ohren, Nase und Mund sowie der gesamte Körperausdruck geben dem Gespräch Klang und Farbe. Die Wirkung einer Aussage wird durch Pausen, Lautstärke, Dynamik der Stimme und Gesten des Körpers mitbestimmt. Diese Verhaltensweisen unterstützen die Aussagekraft und das Überzeugungspotenzial, verleihen den Worten so viel Nachdruck und Durchschlagskraft, dass der Gesprächserfolg gesichert wird.

Zur Sensibilisierung verschiedener Wahrnehmungskanäle kann folgende Übung beitragen: Spielen Sie im Team das Verhalten verschiedener Personen pantomimisch nach. Eine Kollegin stellt beispielsweise den Träger, den Bürgermeister, den Elternbeirat, eine Mutter oder einen Vater dar. Die übrigen Kolleginnen raten, wer dargestellt wird.

Machten bisherige Darlegungen deutlich, dass das kommunikative Geschehen durch das Wechselspiel auf der gesamten Tastatur der Wahrnehmungen sehr komplex ist, so wird die Kompliziertheit noch gesteigert, wenn zwischen den Ebenen Inhalt und Beziehung unterschieden wird. Jede sprachliche Äußerung und jede Verhaltensweise der Gesprächspartner enthält eine sachliche Information und regelt zugleich Beziehungen. Dabei zeigt sich: Die Beziehungsebene ist so dominant, dass sie die inhaltliche Auseinandersetzung steuert.

Mit diesem Ausruf kann die Mutter sehr unterschiedliche Dinge zum Ausdruck bringen wollen, je nachdem, wie sie es sagt. War das Gespräch gereizt und die Mutter verärgert, so meint sie damit: „Das ist mir ein schöner Saftladen!" Erzählte sie gerade, was ihr Kind schon alles gelernt hat und wie begeistert es jeden Tag vom Kindergarten erzählt, so ist der Ausruf eine Bewunderung, ein Jubelruf, ein Begeisterungsausbruch über die professionelle Arbeit!

> **Kommunikation besteht aus einem Inhalts- und einem Beziehungsaspekt.**

Im Vorfeld des Gespräches und vor allem während des Gespräches kann die Gesprächsleiterin viel tun, um ein positives Beziehungsklima anzubahnen.

> Lassen Sie keine Gelegenheit aus, um Beziehungen zu verbessern! Man sagt: Geschenke erhalten die Freundschaft. Sie müssen sich dafür aber gar nicht so ins Zeug legen, denn Beziehungen werden auch durch Lob, Wertschätzung, Annahme, besondere Aufmerksamkeit oder durch Komplimente positiv beeinflusst.
> Trainieren Sie, wo immer es möglich ist. Sprechen Sie beispielsweise bei passender Gelegenheit dem Reinigungspersonal, dem Hausmeister, der Praktikantin oder der Gruppenleiterin Ihr Lob und Ihre Anerkennung aus!

Jedes Quadrat hat vier Seiten. Ebenso sind in einem Gespräch auch vier Aspekte einer Botschaft zu beobachten. Es war der Psychologe Friedemann Schulz von Thun, der das sogenannte Kommunikationsquadrat etabliert hat. Er beschreibt folgende vier Seiten einer Botschaft: Inhalt, Beziehung, Selbstoffenbarung und Appell.[9] Wie Inhalt und Beziehung in einem Gespräch wirksam werden, wurde im vorhergehenden Abschnitt deutlich. Nun geht es um den Selbstoffenbarungs- und den Appellaspekt einer Botschaft.

Oftmals nur neben der bewussten Rede und meist unbemerkt richtet die Gesprächsleiterin den Scheinwerfer der Wahrnehmung ständig auf sich selbst: In dem, was sie sagt, wie sie es sagt und wie sie auf Fragen und Gesprächsbeiträge reagiert, stellt sie sich ständig ein Zeugnis aus. Sie offenbart sich mit ihren Kompetenzen und Fähigkeiten, sie zeigt sich als Fachfrau und Mensch, sie tut ihre Persönlichkeit kund. Gleiches trifft auch auf die Gesprächspartner zu. Im Elterngespräch erfährt und erlebt die Gesprächsleiterin die Eltern. Sie kann aus den Gesprächsbeiträgen, Reaktionen und Verhaltensweisen auf Einstellungen, Erwartungen, Befürchtungen und Überzeugungen der Eltern schließen. Dabei ist Vorsicht geboten! Denn die Botschaften der Selbstoffenbarung sind in der Regel nicht eindeutig, sondern lassen ein Spektrum an Interpretationen zu. Und dennoch: Wer unter dem Aspekt der Selbstoffenbarung ein Gespräch analysiert, kann mit vielen zusätzlichen Informationen rechnen.

Weiterhin besitzt jede Aussage und jede Mitteilung in einem Gespräch einen Appellcharakter. *„Wenn ihr Kind eingeschult werden sollte, so müssen Sie jetzt jeden Tag üben"*, fordert die Gesprächsleiterin einen Vater auf. Hier ist der Appell in seiner direkten und unverblümten Art gleich erkennbar. *„Ich weiß nicht genau, ob bei Ihnen in der Gruppe eine angemessene Schulvorbereitung stattfindet."* Auch ein so geäußerter Zweifel einer Mutter enthält den versteckten Appell: *„Ich erwarte, dass mein Kind gezielter auf die Schule vorbereitet wird."* Bei der Auswertung eines Elterngespräches könnte nach all diesen versteckten Appellen gefahndet werden.

Selbstoffenbarung und Appell sind weitere zwei Seiten eines Gespräches.

---

9 Vgl. Schulz von Thun, F.: Miteinander reden, Band 1: Störungen und Klärungen. Allgemeine Psychologie der Kommunikation, Hamburg 1989, S. 25–44.

Vermeiden Sie Appelle mit Abwertungen! Sie sind erfolglos und verderben zusätzlich die Gesprächsatmosphäre.

Hier einige Beispiele:

„Damit Sie sich auch einmal an der Besprechung beteiligen, schreiben Sie wenigstens das Protokoll", meint die Kindergartenleiterin.
„Jetzt kommt Ihr Kind in die Schule, so müssen Sie sich jetzt endlich einmal richtig in der Erziehung engagieren!", meint die Erzieherin im Elterngespräch.
Solche Aussagen schüren Abwehr, lassen die Wut hochkochen und tragen oftmals dazu bei, dass jede Lust zu einer konstruktiven Auseinandersetzung abgewürgt wird.
Besser wäre es so:
„Ich bitte Sie, das Protokoll von dieser Besprechung zu übernehmen."
„Jetzt kommt Ihr Kind in die Schule, da gibt es in der Erziehung ganz neue Herausforderungen für Sie."

Versuchen Sie, der Selbstoffenbarung in Elterngesprächen auf die Spur zu kommen. So könnten Sie sich selbst folgende Fragen beantworten:

- Wie wirkt mein Äußeres auf die Gesprächspartner?
- Kann ich im Elterngespräch eine offene und vertrauensvolle Atmosphäre schaffen?
- Wirkt mein nonverbales Verhalten sympathisch auf die Gesprächspartner?
- Kann ich meine Gesprächsbeiträge klar und überzeugend vorbringen?
- Reagiere ich in schwierigen Gesprächssituationen angemessen?
- Bei welchen Gesprächsabschnitten hätte ich anders reagieren sollen?

Anschließend können Sie auch zusätzlich eine Kollegin bitten, sie solle Ihr Verhalten beim Elterngespräch entlang dieser Fragen einschätzen. Im Vergleich beider Einschätzungen wird sich herausstellen, wie sich Ihr Selbstbild vom Fremdbild unterscheidet.

Die Rahmenbedingungen können das Gelingen und Scheitern eines Gespräches mitverantworten: Beispielsweise können ein ungünstiger Zeitpunkt, ein unwirtlicher Raum sowie eine ungenügende Beleuchtung oder Beheizung des Raumes den Eltern jede Lust am Gespräch nehmen. Wenn das gesamte Ambiente freundlich und einladend wirkt und sich die Eltern wohlfühlen, wird damit ihre Bereitschaft erhöht, sich engagiert am Gespräch zu beteiligen und Lösungen zu erarbeiten.

Rahmenbedingungen lassen sich oft mühelos verbessern. Der herbeigeholte Stuhl, die einladende Sitzbank, der saubere Tisch und die wohltuende Beleuchtung haben nachhaltigen Einfluss auf den Gesprächsverlauf.

> Rahmenbedingungen steuern das Elterngespräch im Hintergrund.

2.2 Die Strukturelemente eines Elterngespräches

Eine sinnvolle und ertragreiche Vorbereitung auf ein Elterngespräch steht im Austausch mit der Auswertung von Elterngesprächen. Dies bringt gleich zwei Vorteile: Einmal kann im Elterngespräch inhaltlich auf das vorhergehende Gespräch Bezug genommen werden, zum anderen steigert sich dadurch die Qualität der Gesprächsgestaltung. Folgende vier Fragen erschließen die Bedeutung der Hauptelemente in einem Elterngespräch und strukturieren eine gründliche Vorbereitung:

- Wie bin ich als Gesprächsleiterin auf das Gespräch vorbereitet?
- Wie gründlich kenne ich meine Gesprächspartner (die Eltern)?
- Welche Rahmenbedingungen nehmen auf das Elterngespräch Einfluss?
- Welche Anliegen sollen angesprochen werden?

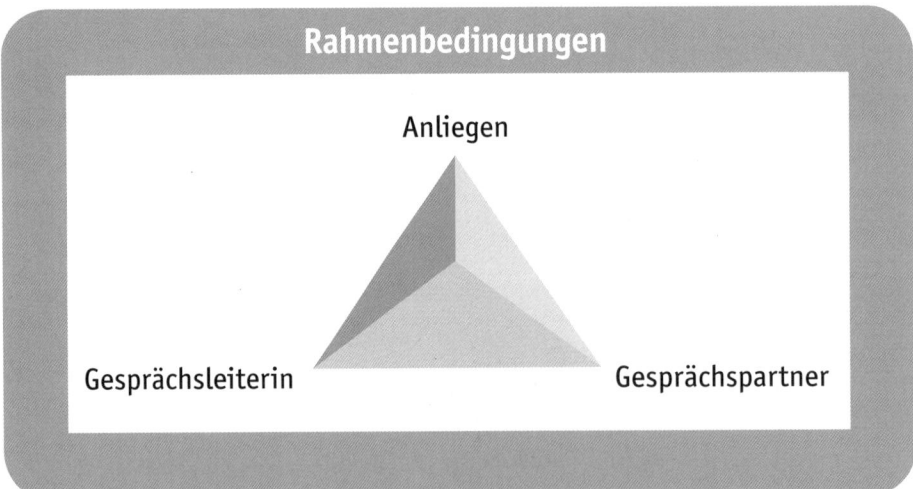

Die Gesprächsleiterin: Sie bestimmt durch ihre Einstellung, Zielsetzung und durch ihr kommunikatives Handeln den Verlauf und den Erfolg eines Gespräches entscheidend.

Die Gesprächspartner (Eltern): Sie sind der zweite Pfeiler im kommunikativen Austauschprozess. Ihre Vorstellungen, Wünsche, Anliegen, Erwartungen und Ziele sind ausschlaggebend für das Gesprächsgeschehen.

Die Rahmenbedingungen: Ein Gespräch ist eingebettet in eine Raum-Zeit-Situation. Sie trägt wesentlich zum Gelingen des Gespräches bei. Sogar die kleinsten Unzulänglichkeiten können ein Gespräch derart einschränken, dass es zum Scheitern verurteilt ist.

Das Anliegen des Elterngespräches: Dieses Element könnte auch mit „Thema" oder „Inhalt" des Elterngespräches überschrieben werden.

Die Bezeichnung „Anliegen" bringt zum Ausdruck, dass beim Elterngespräch Themen diskutiert werden, die beide Gesprächspartner betreffen. Hinter einem Anliegen stehen persönliche Interessen und Ziele. Diese Formulierung bewahrt auch davor, immer gleich von Problemen sprechen zu müssen.[10] „Probleme zu besprechen" oder „Probleme zu bearbeiten" ist bei vielen Menschen mit Abneigung und Überdruss verbunden. Da muss sich nicht auch noch das Elterngespräch in Kindertageseinrichtungen um Probleme drehen. Schließlich wollen die Eltern manchmal nur so ins Kindergartengeschehen hineinschnuppern. Sie wollen hören, wie der Kindergartenalltag gestaltet ist: welche Projekte durchgeführt werden, wie die Bildungsangebote präsentiert werden, wie die Kinder darauf eingehen, welche besonderen Bildungsinteressen ihr Kind zeigt und wie es sich mit den Angeboten beschäftigt.

Die Gesprächsleiterin sollte also nicht penetrant Defizite der Kinder aufstöbern, sondern versuchen, möglichst die Fortschritte der Kinder zu beschreiben. Sie sollte sich Mühe geben, diese einmal ausführlich darzustellen und vielleicht schriftlich festzuhalten, indem sie auf folgende Fragen antwortet:

- Wodurch zeichnet sich dieses Kind aus?
- Über welche Fähigkeiten des Kindes bin ich erstaunt?
- Was macht mir im Umgang mit diesem Kind besondere Freude?
- Was habe ich von diesem Kind gelernt?

> In Gesprächen mit Pädagogen wurde deutlich: In den meisten Kindertageseinrichtungen wird ein Elterngespräch vereinbart, wenn es Ärger gibt. Völlig klar! – Und doch eine schwerwiegende Hypothek für ein Elterngespräch.
> Ganz anders ist die Gesprächssituation in Einrichtungen, die alle Eltern mehrmals im Jahr regelmäßig zum Elterngespräch einladen. *„Entspannt, problem- und zwanglos verlaufen diese Elterngespräche. Und es entsteht bei den Eltern nicht das komische Gefühl: Jetzt werde ich zum Elterngespräch zitiert."* So berichten einige Erzieherinnen voller Begeisterung von den regelmäßig durchgeführten Elterngesprächen.

---

10 Vgl. Schulz von Thun, F.: Praxisberatung in Gruppen. Erlebnisaktivierende Methoden mit 20 Fallbeispielen zum Selbsttraining für Trainerinnen und Trainer, Supervisoren und Coachs, Weinheim Basel 1996, S. 27–29.

2.2.1 Die Gesprächsleiterin

Was ist meine Rolle als Gesprächsleiterin?

Die Hauptfigur im Elterngespräch ist die Gesprächsleiterin. „Stimmt nicht!", werden viele entgegnen. Sollten nicht die Eltern im Zentrum des Elterngespräches stehen? – Ohne Frage stehen die Eltern mit ihren Anliegen im Elterngespräch obenan. Vorbereitungen und Recherchen sind jedoch von der Gesprächsleiterin zu leisten.

Es ist das Verhalten und Handeln der Gesprächsleiterin, das darüber entscheidet, welche Dynamik sich im Elterngespräch entfaltet, wie die Anliegen und Fragen bearbeitet werden und wie groß die Zufriedenheit nach einem Gespräch ausfällt. Die Gesprächsleiterin ist es, die sozusagen alle Hebel der Steuerung, Entfaltung und Steigerung der Effizienz eines Gespräches in Händen hält. Dieses Potenzial wird wiederum durch eine gründliche Vorbereitung maßgeblich freigesetzt. Somit richten sich die ersten Fragen bei der Vorbereitung eines Elterngespräches an die Gesprächsleiterin.

- Die Gesprächsleiterin legt in der Regel fest, wer am Elterngespräch teilnimmt.
- Die Fachkompetenz der Gesprächsleiterin trägt entscheidend dazu bei, wie erfolgreich das Gespräch verlaufen wird.
- Wenn die Gesprächsleiterin die zu beratende Situation präzise beschreiben kann, so wird das Gespräch für die Beteiligten sehr wahrscheinlich gewinnbringend werden.
- Die Einstellung zum Elterngespräch und das Befinden der Gesprächsleiterin vor dem Elterngespräch sind für das Gesprächsgeschehen ausschlaggebend.

Um zu prüfen, ob bei der Vorbereitung eines Elterngespräches an alles gedacht wurde, kann die „Checkliste zur Vorbereitung eines Elterngespräches" (s. Vorlagen 1/1–1/3, S. 106–108) helfen.

Wer soll vom pädagogischen Personal beim Elterngespräch dabei sein?

In der Regel führt eine sozialpädagogische Fachkraft mit einer Mutter das Elterngespräch. In den von uns analysierten Elterngesprächen traf dies auf 86 % der Gespräche zu.[11] Einige Gruppenleiterinnen nehmen die Kinderpflegerin oder die Jahrespraktikantin zum Elterngespräch hinzu. Stehen im Elterngespräch weitreichende Entscheidungen an, so lädt die Gesprächleiterin eventuell einen Psychologen, Lehrer oder eine weitere Fachkraft ein. Dabei gewinnt das pädagogische Personal schnell ein erdrückendes Übergewicht!

---

11 Vgl. Rückert, E.; Schnabel, M.: Welche Themen und Schwerpunkte werden in Elterngesprächen beraten? In: Bildung Erziehung Betreuung. IFP-Infodienst 2000 (2), S. 20–22.

Man stelle sich die Situation vor: Die Mutter sitzt am Tisch einer Kleingruppe von pädagogischen Profis gegenüber. Wenn sie Widerspruch äußert, sind gleich drei Pädagogen zur Stelle, um zu entgegnen. Eine äußerst ungünstige Voraussetzung für ein partnerschaftliches Gespräch! Auch ist die Außenwirkung zu bedenken, denn jedes Gesprächstreffen tut einiges über die Gesprächsleiterin und das Profil der Einrichtung kund. *„Sind diese Erzieherinnen so schüchtern, dass sie gleich zu dritt oder zu viert anrücken, wenn ich zum Elterngespräch komme?"*, könnte sich die Mutter denken. Daher ist vor einem Gespräch zu überlegen:

- Wie viele pädagogische Fachkräfte nehmen teil?
- Wer von den pädagogischen Fachkräften soll am Elterngespräch teilnehmen?

Wenn eine zweite pädagogische Fachkraft, ein Psychologe oder ein Lehrer am Elterngespräch teilnimmt, müssen die Eltern bereits bei der Einladung davon unterrichtet und um Einverständnis gebeten werden.

> Eltern gehen in der Regel davon aus, dass sie mit der zuständigen Gruppenleiterin im Elterngespräch reden werden. Jede Veränderung dieser Voraussetzung braucht neue Vereinbarungen.
> Ausnahme: Wenn gleich bei der Aufnahme in die Kindertageseinrichtung festgelegt wurde, dass immer diejenigen Fachkräfte das Elterngespräch zusammen durchführen, die mit dem Kind betraut sind.

Auch folgende Tatsache muss in die Planung einbezogen werden: Mehr Teilnehmer in den Gesprächsrunden machen das Geschäft der Gesprächsleitung schwieriger. Die Jahrespraktikantin oder Kinderpflegerin soll schließlich auch ins Gespräch einbezogen werden. *„Ich war wie der Mantel am Kleiderständer im Elterngespräch dabei"*, schildert resigniert eine Jahrespraktikantin ihre Situation auf die Frage, ob sie in ihrem Praktikum bei Elterngesprächen einbezogen wurde. *„Lucia, jetzt sag du etwas dazu ... Frau Schaugenau berichtet Ihnen jetzt ihre Beobachtungen, denn in ihrer Gruppe ereignete sich ..."* Solche Überleitungen sind sehr hölzern und machen einen unbeholfenen Eindruck. Der Einbezug von Kolleginnen ins Elterngespräch sollte möglichst ungespreizt, natürlich und fließend sein!

Weiß ich fachlich genügend Bescheid?

Sozialpädagogische Fachkräfte besitzen in der Regel durch ihre Ausbildung umfängliche Fachkompetenzen. Dieses Wissen und Können reicht, um mit Eltern Erziehungsfragen zu besprechen. Die Gesprächsleiterin sollte aber nicht versuchen, bei den Eltern durch Fachchinesisch Eindruck zu schinden, sondern das Verhalten der Kinder in der Alltagssprache und allgemeinverständlich zu schildern.

Unsere Analysen von Elterngesprächen haben gezeigt, dass die Pädagoginnen, die die Gespräche führten, das Verhalten von Kindern sehr anschaulich und präzise schildern konnten. Sie zeichneten sich gerade dadurch aus, dass sie ohne aufgeblähte Begriffe Situationen und Verhaltensweisen treffend darstellten.

Gespräche mit Fachleuten oder die Lektüre von Fachbüchern vor einem Gespräch können zusätzlich nötiges Wissen bereitstellen und somit die Grundlage für eine kompetente Auseinandersetzung schaffen. Gute Fachkenntnisse unterstützen die Sicherheit und Souveränität der Gesprächsleiterin. Die Eltern gehen davon aus, dass Pädagogen Probleme und Verhaltensauffälligkeiten der Kinder erkennen und beschreiben können. Die Erwartungen gehen sogar noch weiter: Auch auf allgemeine Fragen der Kindererziehung erhoffen sich die Eltern eine Antwort. Mit Sicherheit tauchen ab und an Fragen zu Auseinandersetzungen und Neuerungen in der Pädagogik auf.

Eine nützliche Hilfe, um kompetent über die Pädagogik der Einrichtung reden zu können, ist die gemeinsame Erarbeitung und die kontinuierliche Weiterentwicklung des pädagogischen Konzepts.

> Nehmen Sie regelmäßig – wenigstens einmal im Jahr – an Fortbildungen teil, die sich mit Erziehungsfragen und Verhaltensauffälligkeiten bei Kindern beschäftigen. Die Eltern gehen davon aus, dass eine pädagogische Fachkraft darüber Bescheid weiß, was gerade in den Sozialwissenschaften diskutiert wird.

Kenne ich die konkrete Situation genau genug?

„Haben Sie schon bemerkt, dass Jakob seinen Namen schreiben kann?", berichtet ein Vater stolz im Elterngespräch.
„Hat Lenard schon Freunde in der Gruppe gefunden?", möchte eine Mutter wissen.
„Ist Ihnen auch aufgefallen, unser Florian isst in letzter Zeit so wenig?", sorgt sich ein Vater.

Elterngespräche haben in der Regel konkrete Fälle vor Augen. Sie zielen auf Verhaltensweisen von Kindern, dröseln Vorfälle und Situationen auf. Eltern fragen präzise und wollen haargenaue Auskünfte. Ohne Detailkenntnisse ist man aufgeschmissen! Daher verlangt das Gespräch mit Eltern nichts dringlicher als die genaue Kenntnis des Kindes, seiner Verhaltensweisen und seiner Entwicklungsfortschritte. Das Augenmerk ist vor allem auf Entwicklungsfortschritte, Fähigkeiten und Fertigkeiten der Kinder zu richten.

„Lisa ist ein total nettes Mädchen. Ich mag sie ganz gern." Weit wirkungsvoller ist es, wenn Lisas Nettigkeit genau geschildert werden kann. Beispielsweise: *„Wenn Lisa in den Kindergarten kommt, dann strahlt sie übers ganze Gesicht. Sie ist jeden Tag frohgelaunt."*

> Versuchen Sie, die folgenden allgemeinen und ungenauen Aussagen so konkret und genau zu formulieren, wie es nur möglich ist.
> Aussage einer Mutter: „Franz ist oftmals unruhig."
> Aussage einer Erzieherin: „Michael kann sich bei den Hausaufgaben schlecht konzentrieren."
> Aussage eines Vaters: „Moni ist ein gutmütiges Kind."

Viele sozialpädagogische Fachkräfte berichten, dass sie vor einem Elterngespräch intensive Beobachtungen in der Gruppe durchführen und ihre Aufzeichnungen vervollständigen, denn genaue Beobachtungen sind die Basis für ein fundiertes Gespräch und für einen Austausch von Erfahrungen.

Je konkreter und anschaulicher die Gesprächsleiterin das Kind und sein Verhalten beschreiben kann, umso schneller sind die Eltern bereit, von den Erfahrungen und Erlebnissen zu erzählen, die sie zu Hause mit ihrem Kind gemacht haben. Wenn die Gesprächsleiterin persönliche Gesichtspunkte, ihre Emotionen und ihre Einstellungen mitteilt, so kann dies bei den Eltern große Offenheit und Vertrauen erzeugen: Sie werden dann auch von ihren Sorgen und Befürchtungen, von ihren Wünschen, Erwartungen und Hoffnungen reden, die sie für ihre Kinder hegen. Ein äußerst aufschlussreiches Hintergrundwissen für die Erziehung!

2. Vorüberlegungen und Vorbereitung von Elterngesprächen

> Die prägnanten, genauen und differenzierten Schilderungen des Verhaltens der Kinder sollten Hauptelemente des Elterngespräches sein.

> Achten Sie in Teambesprechungen verstärkt darauf, dass Verhaltensweisen der Kinder so genau wie möglich und anhand von Beispielen beschrieben werden. Wenn eine Kollegin in allgemeiner Form das Verhalten eines Kindes anspricht, so können die anderen durch hartnäckiges Fragen Genauigkeit einfordern oder Vorschläge zur präzisen Beschreibung entwickeln. Die anfängliche Beschreibung wird dann treffender und zusätzlich wird eine Vielfalt von Aspekten aufgezeigt.

Um die Fähigkeiten der Kinder einschätzen und um eventuelle Entwicklungsdefizite richtig beurteilen zu können, werden in vielen Kindertageseinrichtungen Beobachtungsbögen eingesetzt. Diese stark strukturierten Beobachtungen geben meist sehr präzise Auskünfte über den jeweiligen Entwicklungsstand des Kindes. So dient beispielsweise der Beobachtungsbogen SISMIK zur Erfassung der Sprachentwicklung bei Migrantenkindern oder der BEK zur Erfassung von Entwicklungsrückständen und Verhaltensauffälligkeiten bei Kindern.[12] Ebenso gibt der Beobachtungsbogen „Grenzsteine der Entwicklung" Hinweise auf Entwicklungsrisiken.[13]

Solche Beobachtungsbögen sind in einem Elterngespräch, in dem Verhaltensprobleme eines Kindes angesprochen werden sollen, eine vorzügliche Hilfe, weil so die Aussagen auf beobachtbare Fakten gestützt werden können. Jedoch sind auch die Grenzen solcher Beobachtungen sehr genau zu beachten, denn sie können keine genaue Diagnostik ersetzen, die von Fachleuten durchgeführt werden muss.

Wie fühle ich mich vor dem Elterngespräch?

„Wer die Sache gut kennt, der kann mitreißend reden." Diese Rhetorikweisheit ist nur teilweise richtig! Denn ein gründliches Fachwissen zum Thema sowie die genaue Kenntnis der Situation und des kindlichen Verhaltens sind zwar ein gutes Fundament für das Gelingen eines Elterngesprächs, negative Gefühle aber können die besten Voraussetzungen überschatten.

---

12 Beide Beobachtungsbögen wurden am Institut für Frühpädagogik, München entwickelt.
13 Vgl. Michaelis, R.: Validierte Grenzsteine der Entwicklung. Aktualisierte Version 1 – 2003. In: www.brandenburg.de/media/1234/val_grenz.pdf

Jeder kennt die Tatsache: Es gibt Gespräche, die laufen wie geschmiert, und manch anderes Gespräch ist wie festgefahren. Dann die Erklärung: *„Ich war einfach nicht gut drauf."* Müssen die Gesprächsleiterinnen diese Feststellung einfach so hinnehmen? Soll man sich damit abfinden, dass nicht jedes Elterngespräch ein Volltreffer wird? Nein – es kann einiges getan werden, um die eigene Befindlichkeit vor einem Elterngespräch in günstiges Fahrwasser zu bringen. In vielen Fällen sind es Lampenfieber, Stress, Anspannung, teilweise sogar Angst, die kreatives Handeln unterbinden und somit dem Gespräch den nötigen Schwung und die Freude an der Auseinandersetzung nehmen.

Gegen die unguten Gefühle ist schon viel ausgerichtet, wenn die fachliche Vorbereitung und die Kenntnis des Kindes hinreichend sind. Und dennoch versetzt ein Elterngespräch viele sozialpädagogische Fachkräfte in helle Aufregung. Wie kommt man mit solchen Situationen zurecht? Wie arbeitet man sich aus solch misslicher Lage heraus? Anregungen, Hilfen und Ratschläge gibt es in einer Vielzahl von Veröffentlichungen. Einige werden im Folgenden vorgestellt.

Alle Empfehlungen und praktischen Übungen zielen darauf ab, der Gesprächsleiterin Sicherheit und Überzeugungskraft zu geben. Wenigstens sollen Hemmungen und Bedenken reduziert werden.

Wer bei einem Gespräch gut drauf ist, der kommt auch gut rüber.

Eine erste und unverzichtbare Bedingung für ein gutes Gefühl ist, vor dem Gespräch einige Minuten für sich zu haben. Vor einem Elterngespräch sollte sich die Gesprächsleiterin wenigstens mehrere Minuten Zeit zum Abschalten, zur Besinnung und zur Einstimmung auf das Gespräch nehmen.

Worte werden durch den Atem erzeugt. Somit ist das Atmen eine Grundlage des Sprechens. Ein fester Atem lässt eine feste Stimme entstehen. Das Atmen bewirkt auch Lockerung und Entspannung. Es bringt ein Gefühl von Sicherheit und tankt neue Energien auf.[14]

---

14 Wer sich darüber gründlich informieren will, sei auf folgende Veröffentlichung verwiesen: Spachtholz, B.: Power-Atem. Die Kraftquelle des Atems erschließen, Regensburg Düsseldorf 1999.

2. Vorüberlegungen und Vorbereitung von Elterngesprächen

Wenn Sie Zeit haben, können Sie folgende Atemübung durchführen: Ruhig und locker auf einem Stuhl sitzend die Hände auf den Schoß legen. Nun tief einatmen und tief ausatmen. Versuchen Sie, sich auf das Ausatmen zu konzentrieren. Wenn Sie ganz tief ausatmen, so strömt anschließend wie von selbst die Luft wieder in die Lungen. Die Übung nur zehn bis fünfzehn Sekunden lang durchführen.

Es gibt eine Vielzahl unterschiedlicher Entspannungsübungen zur Reduzierung von Stress, Aufregung und Unruhe. Jede Gesprächsleiterin wird bei der großen Auswahl ihre Vorlieben finden.

Entspannungsübungen bauen Stress und Unruhe vor einem Gespräch ab.

Fachverbände und Institutionen der Erwachsenenbildung bieten Kurse zu allen nur erdenklichen Entspannungsübungen an. Wenn Sie die Vielfalt der Kurse wahrnehmen, dann entdecken Sie sicherlich eine Technik, die Ihnen liegt. Ein Gewinn für alle Lebenslagen!

Die Stimme trägt wesentlich dazu bei, welche Stimmungen im Gespräch zum Schwingen kommen. Eine ansprechende Stimme kann schwierige Gespräche entkrampfen und Argumente freundlicher klingen lassen. Daher ist die Vorbereitung der Stimme auf ein Gespräch keine Nebensächlichkeit. Schauspieler und Sänger aktivieren vor jedem Auftritt ihre Stimme durch ein Stimmjogging.

Die Stimme gibt einem Gespräch Farbe und Klang.

Finden Sie Ihren tiefsten Ton: Summen Sie einfach drauflos. Versuchen Sie dann, daraus ein immer tieferes Brummen zu machen. Wenn Sie dabei in die Hocke gehen, werden Sie merken, dass Sie noch tiefer mit der Stimme hinunterkommen.
Nutzen Sie viele Gelegenheiten für diese Übungen, beispielsweise auf der Fahrt zur Arbeit im Auto. Oftmals leiden Pädagogen unter stimmlichen Anspannungen, weil sie den ganzen Tag reden müssen. Solche Übungen können entspannen und vor schädlichen Belastungen schützen.

Ein wichtiger Faktor für das Gelingen eines Gespräches ist die innere Einstellung, die psychische Einstimmung auf das Gespräch. Formeln der Autosuggestion helfen, den richtigen Film für ein Gespräch einzulegen.[15]

> Eine positive Einstimmung auf das Elterngespräch trägt entscheidend zum Gelingen bei.

> Sagen Sie sich laut folgende Formel vor: „Ich lebe begeistert und entzünde auch bei anderen Begeisterung. Ich konzentriere mich auf meine Aufgabe. Meine Stimme ist tief und fest. Mein Auftreten und mein Sprechen sind sicher und überzeugend. Ich bin erfolgreich und selbstbewusst."
> Nicht jede Gesprächsleiterin findet diesen Text passend und aufmunternd. Formulieren Sie dann einen eigenen Text, der Sie erfolgreich einstimmen kann.
> Verwenden Sie in Ihrer Formel keine Verneinungen, sondern drücken Sie die Erwartungen positiv aus. Also nicht: „Ich bin nicht mehr ängstlich." Sondern: „Ich bin selbstsicher …"

2.2.2 Die Eltern

Nach den eingehenden Überlegungen, wer sich von den pädagogischen Fachkräften am Elterngespräch beteiligen soll, verlangt eine professionelle Vorbereitung auch Entscheidungen zu folgenden Fragen:

- Wer soll auf Seiten der Eltern am Gespräch teilnehmen?
- Wie werden die Gesprächspartner eingeladen?

Wer von den Eltern nimmt am Gespräch teil?

Wenn die Bezeichnung „Elterngespräch" gewählt wurde, so ist der Anspruch enthalten, dass sich beide Elternteile an diesem Gespräch beteiligen sollten. Daraus ergibt sich die Verpflichtung, sowohl den Vater als auch die Mutter zum Elterngespräch einzuladen und dafür zu sorgen, dass beide regelmäßig an den Gesprächen teilnehmen. Die Praxis der Elterngespräche in Kindertageseinrichtungen ist von einer regelmäßigen Beteiligung beider Elternteile weit entfernt. In den protokollierten Elterngesprächen eines Projekts wurden 86 % der Gespräche zwischen einer pädagogischen Fachkraft und einer Mutter geführt. In nur 8 % der Gespräche nahmen Väter und Mütter zusammen am Gespräch

---

15 Weitere Anregungen finden sich bei: Ryborz, H.: Die Kunst zu überzeugen. Wie Sie Menschen für sich gewinnen, München 1998.

teil.[16] Bisher wurde also nicht gesehen, dass die Qualität der Zusammenarbeit zwischen Kindertageseinrichtungen und Eltern entscheidend davon abhängt, ob es gelingt, Väter in die Kooperation einzubeziehen.

Warum sich Väter relativ selten an Elterngesprächen beteiligen, hat viele Ursachen. Wahrscheinlich sind die Vorurteile und falschen Ansichten, dass Väter vor allem in der Erziehung von Kleinkindern unbeholfen und überflüssig seien, sehr hartnäckig. Zusätzlich ist es nach wie vor häufiger für Väter als für Mütter aus beruflichen Gründen schwierig, sich für ein Elterngespräch freizumachen.

Diesen widrigen Umständen steht ein gesteigertes Interesse der Väter gegenüber. Väterstudien zeigten, dass sich Väter immer mehr in die Aufgaben der Familie einbringen und dass ihr Interesse an der Erziehung der Kinder entscheidend zugenommen hat. Also wären die Vorbedingungen für die Beteiligung der Väter an Elterngesprächen geradezu einladend. Solche Chancen sollten genutzt und verwirklicht werden.

Das Einbeziehen der Väter sollte auch dann aktiv betrieben werden, wenn die Eltern getrennt leben. Denn oftmals sind Väter, die nicht mit der Mutter und dem Kind in einem Haushalt leben, sehr um die Erziehung ihres Kindes bemüht. Wenn dann ein derart engagierter Vater nicht zu einem Elterngespräch eingeladen wird, so fühlt er sich nicht ernst genommen oder sogar ausgeschlossen. Dies kann ungewollt zu Verstimmungen beitragen und Chancen vereiteln. Dagegen werden Väter, denen das Erziehungsrecht ihres Kindes gerichtlich abgesprochen wurde, nicht über Elterngespräche und Entwicklungsschritte des Kindes informiert.

> **Bei den Vorbereitungen von Elterngesprächen müssen besondere Anstrengungen aufgebracht werden, damit auch die Väter zum Gespräch kommen und sich daran beteiligen.**

> Überlegen Sie sich wenigstens drei Ansatzpunkte für Ihre Einrichtung, die die Beteiligung der Väter an den Elterngesprächen erhöhen könnte!

Neben Vätern und Müttern als Gesprächspartner sollten bei einigen Kindern noch weitere Personen bei den Überlegungen, wer zum Elterngespräch eingeladen werden sollte, einbezogen werden. Außerhalb der herkömmlichen Familie, in der die Kinder mit Vater, Mutter und Geschwister aufwachsen, gibt es andere Familienformen und ganz unterschiedliche Möglichkei-

---

16 Vgl. Rückert, R.; Schnabel, M.: Welche Themen und Schwerpunkte werden in Elterngesprächen beraten? In: Bildung Erziehung Betreuung. IFP-Infodienst 2000 (2), S. 21.

ten der Erziehung und Betreuung von Kindern. So kann es im Einzelfall sinnvoll sein, die Großmutter oder die Tagesmutter zum Elterngespräch einzuladen, weil diese das Kind überwiegend erzieht. Weiterhin hat manches Kind zum Stiefvater oder zum Pflegevater eine engere Bindung als zum leiblichen Vater.

> Bei den Überlegungen, wer zum Elterngespräch eingeladen werden soll, muss berücksichtigt werden, dass Kinder teilweise außerhalb der herkömmlichen Familie betreut und erzogen werden.

Dürfen/sollen Kinder beim Elterngespräch dabei sein?

Für einige Eltern ist es ungewohnt und beklemmend, sich über Kinder zu unterhalten, wenn diese beim Gespräch anwesend sind. Darf man über Kinder reden, wenn sie dabei sind? *„Früher achtete man peinlichst genau darauf, nicht in Anwesenheit der Kinder über sie zu reden, weil man nur Schlechtes über sie sagte. Und weil nur geschimpft und gejammert wurde, wie schlimm die Kinder seien"*, so die Erfahrung eines Vaters auf einer Fortbildung. Es gab sogar geheime Aufforderungen, die während eines Erwachsenengespräches darauf aufmerksam machten, dass Kinder in der Nähe seien und mithören. *„Achtung! Schindeln auf'm Dach!"* war so ein Hinweis unter Erwachsenen.

Heute sind die Vorbedingungen allerdings ganz anders: Viele Eltern und Pädagoginnen haben eingesehen, dass sie sich durch Klagelieder über Kinder selbst anschwärzen. Sie sind bemüht, auf die Stärken und Kompetenzen der Kinder zu achten, deren Fähigkeiten und Entwicklungsfortschritte herauszustellen. Trotz dieser Vorzüge werden Elterngespräche eher selten mit Kindern zusammen geführt. Aber Versuche lohnen sich!

In einigen Montessori-Schulen und -Kindergärten ist das Elterngespräch, das wenigstens einmal im Jahr zusammen mit Eltern und Kindern durchgeführt wird, ein unverrückbarer Bestandteil des pädagogischen Konzepts. Der Austausch mit Eltern und Kindern ist in diesen Einrichtungen äußerst wichtig und für das pädagogische Arbeiten richtungweisend.

Gleiches gilt für Familienfreizeiten: Vor allem, wenn diese Familienfreizeiten nach dem Konzept der Eltern-Kind-Gruppenarbeit durchgeführt werden, dann werden die gemeinsamen Aktionen auch mit Eltern und Kindern zusammen geplant und reflektiert. Oftmals sind Eltern völlig überrascht, wie sich ihre Kinder in der Gruppe äußern und welche Anliegen und Fragen sie einbringen. In solchen Gesprächen tritt augenscheinlich zu Tage, ob und wie Eltern auf die Äußerungen ihrer Kinder eingehen und wie sie mit deren Vorschlägen und Wünschen zurechtkommen. Dabei ist es eine wichtige Aufgabe der Gesprächsleitung, darauf zu achten, dass die Beiträge der Kinder genauso respektiert werden wie die der Erwachsenen. Solche Gespräche können zu einem regelrechten Training für Eltern und Kinder werden, um kooperative Auseinandersetzungen und produktive Beratungen zwischen Eltern und Kindern zu üben.

Total fremd ist vielen Erzieherinnen das Elterngespräch mit Eltern und Kindern nicht, denn meistens sind beim Aufnahmegespräch beide zusammen anwesend. In der Regel werden die Erzieherinnen beim Aufnahmegespräch versuchen, sowohl mit den Eltern als auch mit dem Kind ins Gespräch zu kommen.

> Welche Erfahrungen haben Sie bisher bei Aufnahmegesprächen mit Eltern und Kindern gemacht? Können Sie diese Erfahrungen auch auf ein Termingespräch übertragen?
> Nennen Sie wenigstens drei Vorzüge, die ein Elterngespräch mit Eltern und Kind vorweisen könnten.

Manchmal wird auch aus der Not eine Tugend. Beispielsweise, wenn es Eltern nicht möglich ist, alleine zu einem Gespräch zu kommen, weil sie niemanden zur Beaufsichtigung ihrer Kinder haben. In einem solchen Fall kann das Personal des Kindergartens anbieten, die Kinder während eines Elterngespräches in der Einrichtung zu beaufsichtigen, oder die Kinder werden gleich in das Gespräch einbezogen. Jeder Erzieherin dürfte klar sein, dass ein solches Gespräch besonders hohe Anforderungen an die Fähigkeiten zur Gesprächsführung erfordert.

Wie werden die Eltern eingeladen?

Wenn in Kindertageseinrichtungen zweimal im Jahr für jedes Kind Elterngespräche angesetzt werden – wie es in den meisten Bildungsplänen verlangt wird – so hat sich die Einrichtung fester Termine bewährt. Beim Anmeldegespräch und beim Einführungselternabend wird den Eltern erklärt, dass die regelmäßigen Elterngespräche für die Erziehung und Bildung des Kindes von großer Bedeutung sind. Zugleich wird eine Liste mit den bereitgestellten Terminen vorgelegt und die Eltern können sich in diese Liste eintragen. Wie bereits erwähnt, ist es dem Gelingen eines Elterngespräches nicht sehr zuträglich, wenn Eltern nur dann zum Gespräch eingeladen werden, wenn ein Problem ansteht.

Steht der Termin für ein Elterngespräch kurz bevor, so können die Eltern nochmals daran erinnert werden, beispielsweise durch eine kleine Erinnerungskarte, die dem Kind in die Brotzeittasche gesteckt wird, oder durch eine direkte Erinnerung beim Bringen und Abholen des Kindes. Eine zusätzliche schriftliche

Einladung für ein Elterngespräch hat viele Vorteile: Sie enthält den genauen Zeitpunkt und die genaue Ortsangabe. Ein solches Briefchen können die Eltern zu Hause gut sichtbar anbringen und werden so daran erinnert. Im Anhang findet sich ein Muster für eine schriftliche Einladung zum Elterngespräch (s. Vorlage 2, S. 109).

In vielen Firmen ist es üblich, dass vor einer Konferenz oder einer Besprechung die Teilnehmer durch einen kurzen Telefonanruf an den Termin erinnert werden. Gerade für die Teilnahme der Väter am Elterngespräch wäre eine solche Erinnerung in einigen Fällen sicherlich sinnvoll.

Manche Elterngespräche werden auch spontan und ohne lange Planung erforderlich sein. So zum Beispiel, wenn die Eltern mit den Erzieherinnen ein Anliegen beraten wollen und um einen Gesprächstermin nachsuchen. Für solche Gespräche sollten sich die Pädagoginnen bereithalten und bewusst Zeiten einplanen.

Den Blickwinkel auf Partnerschaft einstellen

„Es ist schrecklich mit manchen Eltern!", klagt die Leiterin eines Hortes. „Weil sie oft total uneinsichtig sind. Wir haben einen Jungen in der Gruppe, der will keinen Salat essen. Wir im Hort lassen ihn essen, was er will. Aber die Eltern bestehen darauf: Er soll im Hort angehalten werden, Salat zu essen. Ich versuche immer wieder, den Eltern beizubringen, dass der Junge doch essen soll, was er will. Jetzt kommt das dicke Ende! Zu Hause wird er gezwungen, Salat zu essen, und da isst er ihn auch! … Wie kann ich solche Eltern so weit bringen, dass sie mit ihren Kindern richtig umgehen …?"

Es scheint durch: Nach Meinung der Leiterin haben die Eltern unzumutbare Erziehungsmethoden. Sie müssen mit allen Mitteln zu „richtigen" pädagogischen Einsichten gebracht werden. Dass dadurch jede Basis für ein partnerschaftliches Miteinander unter die Räder kommt, wird geflissentlich übersehen.

In jedes Gespräch gehen die Gesprächsteilnehmer mit vorgefassten Meinungen, Einstellungen und Erwartungen. Wenn die Gesprächsleiterin in den Eltern willkommene Gäste sieht, wird ein Gespräch ganz anders gedeihen, als wenn Eltern als pädagogische Laien, Handlanger oder sogar als Gegner und unliebsame Störer angesehen werden. Zweifelsohne kann die Gesprächsleiterin kaum auf die Einstellungen und Erwartungen derjenigen Eltern Einfluss nehmen, die zum Elterngespräch kommen.

Aus welchem Blickwinkel beim Gespräch auf die Eltern geschaut wird, färbt das gesamte Gesprächsgeschehen.[17] Beispielsweise die Vorstellung „Eltern sind Gäste" beinhaltet auch, dass Sie als Gesprächsleiterin der aktiv handelnde Teil in dieser Begegnung sind: Sie gehen auf die Eltern zu, empfangen die Eltern, halten das Gespräch in Gang, verabschieden die Eltern.

> Entscheidend ist eine freundliche und wohlwollende Grundhaltung der Gesprächsleiterin gegenüber den Eltern.

Die Verantwortlichkeit der Eltern

Ein weiterer Aspekt prägt die Eigenart der Beziehungen im Elterngespräch: der Primat der Eltern in Erziehungsfragen. Auch wenn die Pädagogen noch so erfolgreich in der Erziehung der ihnen anvertrauten Kinder sind und wenn sie mit durchschlagender Überzeugungskraft Elterngespräche führen können, so sind doch die Eltern die Letztverantwortlichen in der Erziehung ihrer Kinder. Sie tragen rechtlich und faktisch die volle Verantwortung für deren Entwicklung und Förderung. Die Kindertagesstätte hat nur ein von den Eltern per Vertrag übertragenes Bildungs- und Erziehungsrecht. Zudem spielt in Bezug auf die Sozialisation der Kinder deren Familie die wichtigste Rolle.

Das Partnerprofil

Die Überlegungen zeigen, dass die Beziehungen im Elterngespräch von verschiedenen Vorzügen und unterschiedlichen Kompetenzen bei den Gesprächspartnern getragen sind. Die Idee der Partnerschaft ist dennoch möglich, wenn man von einer komplementären Partnerbeziehung ausgeht. Damit ist gemeint, dass sich beide Partner gegenseitig ergänzen.

Wenn sich die Gesprächsleiterin bereits vor dem Elterngespräch umfassend über die Eltern informiert hat, so wird dadurch bereits eine gewisse Vertrautheit angebahnt und die Chancen für ein gutes Gespräch verbessert. Es ist ein urtümliches Verhaltensmuster, dass Menschen bei der Begegnung mit einem Fremden auf Kampf oder Flucht programmiert sind. Erst Wissen und Kenntnisse über den anderen mildern die aggressiven Energien und ebnen Wege zu freundschaftlicher Begegnung.

---

17 Vgl. Hennig, C.; Ehinger, W.: Das Elterngespräch in der Schule. Von der Konfrontation zur Kooperation, Donauwörth 1999/3, S. 75.

> Je mehr die Gesprächsleiterin über die Eltern weiß, umso höher stehen die Chancen, dass es eine partnerschaftliche Begegnung wird.

Daher muss sich die Gesprächsleiterin kurz vor dem Gespräch die vorhandenen Informationen über die Eltern vergegenwärtigen. *Vergegenwärtigen* sei nochmals unterstrichen, weil Daten über Alter, Wohnsituation und andere Angaben wertlos sind, wenn sie unbeachtet in Akten und Dateien schlummern.

Das von Hierold und Laminger vorgelegte Partnerprofil ist ein nützliches Werkzeug zur Sammlung und Sichtung von Informationen.[18] In Anlehnung daran lassen sich für ein Elterngespräch folgende Fragen formulieren:

- Kenne ich die wichtigsten soziografischen Daten?
- Weiß ich Bescheid darüber, welche Kompetenzen mein Gesprächspartner besitzt?
- Sind mir Wertvorstellungen und Überzeugungen des Gesprächspartners bekannt?
- Wie ist die soziale Einbindung des Gesprächspartners?
- Gibt es ein „Lebensmotto", an dem sich mein Gesprächpartner orientiert?
- Welche Gerüchte kursieren über den Gesprächspartner?

Soziografische Daten: In der Regel kann die Gesprächsleiterin aus den Anmeldeunterlagen alle wichtigen soziografischen Daten entnehmen, wie zum Beispiel Vor- und Familiennamen der Eltern, Alter, Familienstand, Anzahl der Kinder, Berufsausbildung, Arbeitsverhältnis, Wohnsituation, eventuell auch die Einkommensverhältnisse. Eine Durchsicht der Unterlagen kann manchmal Anlass für anstehende Aktualisierungen der Daten sein.

> Veraltete soziographische Daten können Ursache von Missverständnissen werden und lassen die Gesprächsleiterin inkompetent erscheinen.

Es kann für ein Gespräch zusätzlich wichtig sein zu wissen: In welchem Arbeitsbereich ist der Gesprächspartner tätig? In welcher Firma, Einrichtung oder welchem Betrieb arbeitet er? Welche Funktionen oder Position hat er dort inne? Geht er neben der regelmäßigen Arbeit noch zusätzlich einer Beschäftigung nach?

---

18 Vgl. Hierold, E.; Laminger, E.: Gewinnend argumentieren, Wien 1995, S. 40–48.

2. Vorüberlegungen und Vorbereitung von Elterngesprächen

Kompetenzen: Mit Kompetenzen der Gesprächpartner ist gemeint: Was kann der Gesprächspartner? Mit welchen Begabungen, Kenntnissen und Fähigkeiten ist zu rechnen? Auf Anhieb denken die meisten an Schulabschlüsse, Berufsausbildung und -erfahrung. Wissen und Können sind jedoch nur zum geringen Teil durch den Beruf definiert. In der Regel tun sich die meisten Menschen außerhalb des Berufes mit ungeahnten Fähigkeiten hervor: handwerkliche Fertigkeiten, Kenntnisse im PC-Bereich, Erfahrungen und Kenntnisse beim Fotografieren und Filmen o. Ä. Manche Eltern entwickeln ein geradezu enthusiastisches Forschungsinteresse, indem sie die Geschichte des Ortes erkunden, die eigene Familiengeschichte ausforschen oder ein eigenes Museum errichten.

> Eine Kooperation mit den Eltern kann auch bedeuten, Kompetenzen der Eltern in die Planung und Durchführung von Projekten aufzunehmen.

Wertvorstellungen und Überzeugungen: Die Wertvorstellungen und Überzeugungen der Gesprächspartner sind Antriebssysteme bei Auseinandersetzungen über die Erziehung und den Familienalltag. Sie bestimmen den Kurs der Erziehung, die Erziehungspraktiken und geben eine Sinnorientierung für die Lebensgestaltung vor. Wenn man darüber Bescheid weiß, kann man die Grundmotive der Gesprächspartner beachten und respektieren. Folgende Fragen geben Hinweise: Welcher Religion und welcher Partei gehört der Gesprächspartner an? Ist der Gesprächspartner harter Verfechter des Umweltschutzes, der gesunden Ernährung, Gegner von Atomkraftwerken? Ist er Befürworter der Emanzipation? Welche Einstellung hat er zur Fremdbetreuung der Kinder? Ist es ihm wichtig, dass sich auch Väter gleichberechtigt in der Kindererziehung engagieren?

> Wertvorstellungen und Überzeugungen der Eltern sind Ausgangspunkte und Argumentationsgrundlagen für ihre Erziehungsziele.

> Stellen Sie sich Eltern vor, deren Wertvorstellungen Sie annähernd kennen! Welche Erziehungsziele und welche Erziehungsvorstellungen lassen sich daraus ableiten?

Soziale Einbindung: Kenne ich als Gesprächsleiterin die Einbindung meiner Gesprächspartner in die verschiedenen sozialen Bezüge hinreichend? Hierbei geht es um die sozialen Verbindungen der Eltern außerhalb der Kernfamilie. Dieser erweiterte soziale Rahmen ist für viele Familien eine wichtige Stütze. Er nimmt oft erheblichen Einfluss auf das Familienleben und auf die Kindererziehung, beispielsweise wenn Verwandte, Nachbarn und Bekannte der Eltern die Kinder zeitweise beaufsichtigen. Oder wenn sich mehrere Familien zu einem Familienkreis zusammenschließen und in diesem Kreis gemeinsam Ausflüge und andere Aktivitäten durchführen.

„Lebensmotto": Mit dem Blick auf ein Lebensmotto oder auf eine beliebte Lebensweisheit kommen nochmals die Überzeugungen und Wertvorstellungen der Gesprächspartner zum Tragen – jedoch in konzentrierter Form. Denn ein Lebensmotto bringt meist die Grundüberzeugungen auf den Punkt und kleidet sie in eine Formel.

Ist Ihnen ein Grundsatz, ein Lebensmotto oder eine beliebte Lebensweisheit des Gesprächspartners bekannt? Beispiele: *„Da muss man sich einfach durchbeißen ...", „Wir sagen da immer: Es hätte noch schlimmer kommen können ...", „Mit der Zeit wächst sich alles wieder aus ..."* oder *„Den Kindern soll es einmal besser gehen ..."*.

Wenn ein Gesprächspartner nach jedem Abschnitt oder bei problematischen Fragen immer einen derartigen Spruch auf der Zunge hat, so ist dies geradezu ein Scheinwerfer, der einen zentralen Glaubenssatz ausleuchtet. Dieser eingefleischte Grundsatz ist wie eine Fahne zu sehen, die in jedem Lebenskampf vorausgetragen wird. Sie verrät dem Beobachter weit mehr als die oben genannten Wertvorstellungen. Solche Lebensparolen können auch unumstößliche Erziehungsziele sein, die eher unbewusst verfolgt werden.

> Haben Sie in den bisherigen Elterngesprächen solche Sinnsprüche aufspüren können?
> Benutzen Sie vielleicht selbst in manchen Situationen bestimmte Lebensweisheiten? Verraten diese etwas über Ihre eigenen Erziehungsziele?

Gerüchte: Oftmals kursieren über den Gesprächspartner Erzählungen, Gerüchte und Vermutungen von Kolleginnen oder anderen Eltern.

Diese „geheimen Dossiers" sind für ein offenes und partnerschaftliches Gespräch höchst gefährliche Gifte. Eine Gesprächsleiterin kann sich von solchen Vorurteilen nicht ganz freimachen. Um eine partnerschaftliche Grundhaltung zu finden, hilft jedoch der feste Vorsatz, unvoreingenommen in ein Gespräch zu gehen und die sich bietenden Chancen zu nutzen.

Die Gesprächsleiterin kann dieses Wissen nicht einfach abschalten. Die kritische Vergegenwärtigung schafft jedoch die Möglichkeit der kontrollierten Handhabung. Denn wer unberechenbare Pferde lenkt, kann dies nur durch ein starkes Zaumzeug.
Eine Erzählung macht dieses Dilemma anschaulich:

Ein Maharadscha saß zu Gericht und es wird ihm ein durchtriebener Betrüger vorgestellt. Er möchte in diesem Fall ein besonders kluges Urteil fällen. So schlägt er dem Betrüger vor, er solle ihm eine Aufgabe stellen, die er nicht lösen kann. Wenn ihm dies gelänge, so werde er freigelassen. Der Betrüger antwortete: „Mein Herr, denken Sie eine Minute an keinen weißen Elefanten." Verzweifelt ruft der Richter nach einer Minute: „Lasst ihn frei! Ich sehe ganze Herden weißer Elefanten."

2.2.3 Das Anliegen

Welche Themen gehören in ein Elterngespräch, welche nicht?

„Ach war mir das peinlich! Ich habe mehrere Kinder aus unserem Bekanntenkreis zum Geburtstag meiner Tochter eingeladen. Und als es so weit war, wollte sie keine Gäste. Was soll ich nur machen, wenn das Kind so eigenwillig ist?"

„Ihr Markus soll ja diesen Sommer in die Schule kommen. Wir bereiten die Kinder auf die Schule vor. Bei Markus wäre aber eine zusätzliche Unterstützung nötig. Sie müssen unbedingt jeden Tag mit ihm üben ..."

Dies sind Auftakte für Gesprächsanliegen, wie sie in den protokollierten Elterngesprächen vorgefunden wurden.[19] Bei der Auswertung ist man erstaunt, was alles in diesen Gesprächen thematisiert wurde. Im Normalfall werden Verhaltensweisen, Bildungsbedürfnisse und Interessenschwerpunkte der Kinder sowie Fördermöglichkeiten angesprochen. Daneben werden häufig Probleme des Familienlebens behandelt, wenn sie die Ursache für Schwierigkeiten des Kindes sein können.

Die Gesprächsleiterin muss enge Grenzen für Beratungen in Elterngesprächen ziehen und sich auf Erziehungsfragen und die Einflüsse auf das Erziehungsgeschehen beschränken. Nicht alle Sorgen, die den Eltern auf den Nägeln brennen, gehören ins Elterngespräch. Die Konzentration auf Themen rund um die Erziehung erhöht die Chancen, dass die Auseinandersetzung zu einem gelungenen Gespräch wird.[20] Dabei sollten ganz bewusst nur solche Anliegen diskutiert werden, die hier und heute zu regeln sind. Die Reichweite der Elterngespräche sollte möglichst realistisch eingeschätzt werden! Für manche Anliegen, Fragen und Probleme können mehrere Gespräche erforderlich sein.

Bei schwierigen Erziehungsfragen und Krisen in der Familie soll die Gesprächsleiterin den Eltern gute Beratungseinrichtungen empfehlen können.

> **!** Beschränken Sie sich als Gesprächsleiterin im Elterngespräch auf die Fragen, die hier und heute im Gespräch gelöst werden können.

---

19 Vgl. Rückert, E.; Schnabel, M.: Welche Themen und Schwerpunkte werden in Elterngesprächen beraten? In: Bildung Erziehung Betreuung. IFP-Infodienst 2000 (2), S. 20–22.
20 Vgl. Leupold, E. M.: Handbuch der Gesprächsführung. Problem- und Konfliktgespräche im Kindergarten, Freiburg Basel Wien 2000, S. 90.

2.2.4 Die Rahmenbedingungen

„Oh, welch ein schlechtes Wetter!"
„Nein, bei diesem Gedränge, da bin ich total nervös!"
„Sie haben einen wunderschönen Blick von ihrem Büro aus. Da fühlt man sich wie im Urlaub."

Diese Äußerungen sprechen nur einige Rahmenbedingungen an, die ein Gespräch im Hintergrund einfärben. Regenwetter, glatte Straßen, Verkehrsstau, Nachrichten über Katastrophen oder Parkplatznöte kann die pädagogische Fachkraft nicht abwenden. Aber darüber hinaus spielen viele Elemente ins Gesprächsgeschehen hinein, die ohne großen Aufwand gute Dienste leisten könnten, beispielsweise die bequemen Stühle, der gelüftete Raum, das warme Licht oder ein freundliches Bild an der Wand. Umso erstaunlicher, dass diese förderlichen Rahmenbedingungen in Veröffentlichungen zur Gesprächsführung oftmals unbeachtet bleiben. Noch dazu, weil sie von langer Hand vorbereitet werden können und im Gespräch ohne Zutun der Gesprächsleiterin ihr Energiepotential beisteuern. Und das noch, ohne auffällig zu sein!

> **Die Rahmenbedingungen lassen sich oft spielend leicht verändern und nehmen dennoch entscheidenden Einfluss auf das Gesprächsgeschehen.**

Die Absprachen von Zeitpunkt und Zeitdauer des Elterngespräches signalisieren Entgegenkommen und Gastfreundschaft. Überlegungen zur Gestaltung des Besprechungsraums können den Eltern Annahme und Wohlwollen vermitteln.

Das „Setting"

Zeitpunkt, Dauer des Gespräches, Beschaffenheit des Besprechungsraumes, Sitzordnung und Abstand der Gesprächsteilnehmer untereinander können auch als „Setting" eines Gespräches bezeichnet werden. Es sind dies alles Elemente, die unabhängig vom Thema und von den Teilnehmern konstant auf das Geschehen einwirken. Das englische Wort „setting" enthält die germanische Wurzel „setzen". Folglich sind diese Elemente gleich von Beginn eines Elterngespräches gesetzt und wie bei manchen Brettspielen kann das Setzen der Spielsteine den Ausgang maßgeblich beeinflussen. Mehr noch: Falsches Setzen bedeutet oft schon eine Niederlage, bevor das Spiel überhaupt begonnen hat!

Das Setting eines Elterngespräches

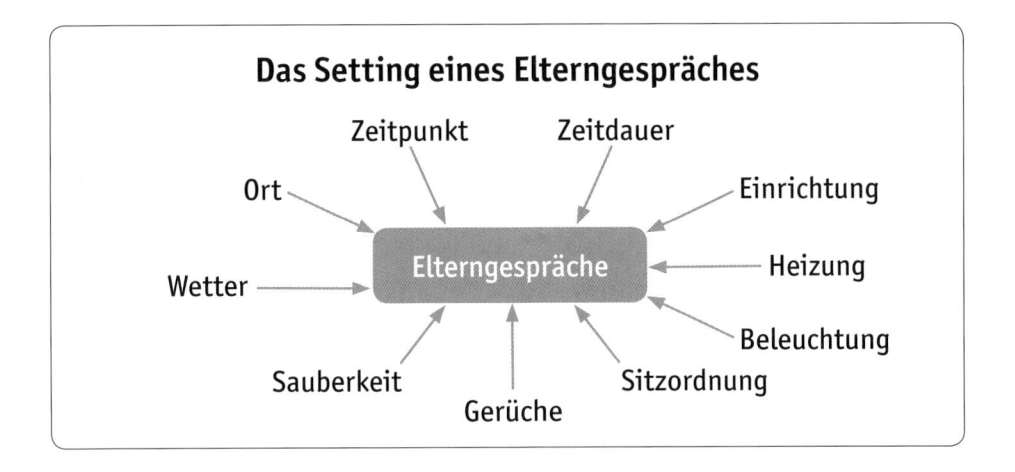

- Ort
- Zeitpunkt
- Zeitdauer
- Einrichtung
- Wetter → **Elterngespräche** ← Heizung
- Sauberkeit
- Gerüche
- Sitzordnung
- Beleuchtung

Der Zeitpunkt

Wann soll das Elterngespräch stattfinden? Der beste Zeitpunkt für die Gesprächsleiterin ist natürlich am Abend, wenn die Kinder die Einrichtung verlassen haben. Aber ist das auch der beste Zeitpunkt für die Eltern? Nicht immer! Denn die starren Arbeitszeiten von 7.00 Uhr bis 16.00 Uhr oder von 9.00 Uhr bis 18.00 Uhr gibt es heute zum Teil nicht mehr. Wer in Gleitzeit arbeitet, kann, wenn er will, auch erst mittags anfangen und bis 22.00 Uhr arbeiten. Daher verlangt die Vereinbarung des Besprechungszeitpunkts hohe Flexibilität und Verständnis für die Arbeitsbedingungen der Eltern. Wenn die Gesprächsleiterin bei der Festlegung des Termins auf die Wünsche der Eltern eingehen kann, so ist gleich von Beginn an eine freundliche Gesprächssituation gegeben. Denn die oft gehörte Versicherung *„Sie sind uns immer willkommen!"* wird somit handfest eingelöst.

Die Zeitdauer

Für das Gespräch sollte die Gesprächsleiterin eine realistische Dauer festlegen und versuchen, in einem überschaubaren Zeitraum die Anliegen zu besprechen. Beobachtungen von Elterngesprächen haben gezeigt, dass die meisten Gesprächsleiterinnen die Themen in 30 bis 45 Minuten zufriedenstellend mit den Eltern beraten konnten. Manche Autoren sehen auch darin ein Entgegenkommen für die Gesprächspartner, wenn bei der Einladung und gleich zu Beginn des Gespräches darauf verwiesen wird, wie lange das Gespräch voraussichtlich dauern wird.

> **!** Kurze und prägnante Elterngespräche sind meist ertragreicher als allzu lange.

Der Besprechungsraum

Neben dem günstigen Zeitpunkt und der angenehmen Zeitdauer ist es in erster Linie der Besprechungsraum, der die Gesprächsatmosphäre trägt. Wo soll das Elterngespräch stattfinden? In einigen Kindertageseinrichtungen keine echte Entscheidungsfrage: Wenn kein eigener Besprechungsraum vorhanden ist, so muss das Büro der Leiterin aushelfen, denn normalerweise kann ein Gruppenraum keine akzeptablen Gesprächsvoraussetzungen bieten. Und dennoch kommt es vor, dass Elterngespräche im Gruppenraum geführt werden, während die Kinder spielen, rennen und lärmen. Die Unterlagen liegen auf den kleinen Tischen oder teilweise auf dem Boden, die Gesprächsteilnehmer sitzen auf den Ministühlchen. Alle paar Minuten kommt ein Kind mit einer Frage oder braucht Hilfe, dann will eine Kollegin einen Schlüssel und der Hausmeister eine Anweisung … Wer nach einem solchen Gespräch noch zwei Sätze behalten hat, ist ein Meister der Konzentration.

Jede Kindertageseinrichtung verfügt über ein Büro, größere Einrichtungen besitzen in der Regel sogar einen eigenen Raum für Teamsitzungen. Diese sind vorzüglich geeignet für Elterngespräche. Aber auch solche Räume lassen sich meist noch einladender und ansprechender gestalten. So kann beispielsweise eine Sitzecke ein gemütliches Ambiente erzeugen. Der Raum darf nicht überladen wirken, vor allem kein Sammelplatz für Werkstücke, Ordner und nicht gebrauchte Möbel sein. All dies durchkreuzt kreative Gedanken und weiterführende Ideen. Einfallsreichtum braucht Platz und Freiraum!

Ist der Besprechungsraum für Elterngespräche zugleich Raum für Teambesprechungen oder das Büro, so kann leicht die erforderliche Ordnung und Sauberkeit leiden: Halbfertige Bastelarbeiten, Schmuck für das Sommerfest, Utensilien für das Kasperltheater u.Ä. wirken auf Eltern nicht gerade einladend. Wurde tags zuvor eine Teambesprechung durchgeführt, dabei Tee und Kaffee getrunken und die guten Plätzchen einer Kollegin probiert, so sind vielleicht noch Spuren dieses Treffens erkennbar: Brösel auf Stühlen, Kaffeeränder von Tassen auf dem Tisch oder schmutziges Geschirr, das in der Ecke steht. Es sind Nebensächlichkeiten, die jedoch schnell ein negatives Vorurteil entstehen lassen und die pädagogischen Fachkräfte in einem schiefen Licht erscheinen lassen.

> Gehen Sie einmal möglichst unvoreingenommen durch Ihre Einrichtung, so als ob Sie sich als Fremder zum ersten Mal umschauen würden. Fallen Ihnen Details auf, die einen unangenehmen Eindruck erwecken könnten?
> Besser noch: Zeigen Sie einem Bekannten Ihre Einrichtung und fordern ihn auf, diese Probleme zu benennen!

Eine ansprechende Beleuchtung bzw. der richtige Lichteinfall kann ein gutes Gespräch unterstützen. Zu grelles Licht blendet und weckt Unbehagen, zu wenig Licht lässt kaum Mimik und Gestik des Gesprächspartners erkennen und verschluckt viele Informationen, die zur effektiven Gesprächsführung genutzt werden könnten. Äußerst unhöflich und abträglich für ein partnerschaftliches Gespräch ist der Tipp, den zuweilen angehende Lehrer erhalten: Sich ins einfallende Licht zu stellen oder zu setzen, damit die eigenen nervösen nonverbalen Reaktionen nicht wahrgenommen werden können. Die Gesprächspartner müssen dann immer blinzelnd zur Gesprächsleiterin schauen oder wenden sich verärgert ganz ab.

Besprechungsräume sollen die Gesprächspartner mit wohliger Wärme empfangen. In vielen Ausdrücken ist „Wärme" im übertragenen Sinn eine Bezeichnung für eine freundliche und wohlwollende Gesprächsatmosphäre: ein warmherziger Empfang, ein wohlig warmes Gesprächsklima. Dagegen steht „Kälte" für Abweisung, Ablehnung und Feindschaft. Wer sich im Besprechungsraum wie im Eiskeller fühlt, wird sich im Gespräch dementsprechend verhalten. Dennoch soll der Raum vorher durchgelüftet werden, weil viele Gäste auf verbrauchte Luft und eigenwillige Gerüche sehr empfindlich reagieren.

Die Sitzordnung

Im Besprechungsraum ist alles optimal vorbereitet. Die Eltern spüren die einladende und wohlwollende Ausstrahlung. Das Elterngespräch kann beginnen. Noch nicht ganz! Denn es steht die Entscheidung an, welcher Platz den Teilnehmern zugewiesen wird. Wichtig ist es zunächst, dass es kein langes Hin und Her um den richtigen Platz gibt. Die Gesprächsleiterin bietet mit überzeugender Geste den Eltern ihren Platz an. Aber welche Anordnung ist für ein Gespräch vorteilhaft?

Die im Folgenden vorgestellten Anordnungen zeichnen sich jeweils durch Vor- und Nachteile aus. Es gibt somit kein allgemeingültiges „Richtig" und „Falsch", vielmehr gilt es zunächst zu klären, wie viele Personen am Elterngespräch teilnehmen und welche Möglichkeiten der jeweilige Raum bietet. Weiterhin ist die Frage entscheidend: Welche Anordnung sagt mir als Gesprächsleiterin am meisten zu? Ich muss das Gespräch leiten und darf dann nicht im unscheinbaren Eckchen sitzen. Der Kapitän muss auf der Kommandobrücke stehen! In dieser Frage darf es keine falsche Bescheidenheit geben.

Distanz-Sitzordnung: Sitzen sich zwei Gesprächspartner jeweils am langen Ende eines Tisches gegenüber, so kommt dadurch Distanz und Ablehnung sehr deutlich zum Ausdruck.

Die Vorzeichen stehen auf Sturm und Gewitter – eine ungünstige Voraussetzung für ein gelingendes Gespräch! Neben der ablehnenden Verhaltensweise macht eine derartige Sitzordnung Unsicherheiten und Angst bei der Gesprächsleitung deutlich. So offensichtliche Schwächen können auch als Einladung zu kritischer Auseinandersetzung und Konfrontation gesehen werden.

Konfrontations-Sitzordnung: Beide Gesprächspartner sitzen sich direkt gegenüber. Eine Anordnung, wie sie gezwungenermaßen bei einem Gespräch am Schreibtisch eingenommen wird. Sie signalisiert auf den ersten Blick eine kämpferische Auseinandersetzung. Man sitzt sich Aug in Aug gegenüber und kann den Blicken schwerlich ausweichen. Wer sich vorbeugt, greift an, wer sich zurücklehnt, zieht sich aus der Front zurück.

Diese Anordnung hat aber auch Vorteile für die Gesprächsleitung, weil der Schreibtisch oder der Tisch wie ein Schutzwall wirkt und daher auch das Gefühl von Sicherheit erzeugen kann. Die Gesprächsleiterin hat den Rücken frei und kann sich je nach Gesprächssituation zurücknehmen oder einbringen.

Konstruktive Sitzordnung: Wenn zwei Gesprächspartner ums Eck am Tisch sitzen, ist eine entspannte und partnerschaftliche Ausgangslage erreicht. Sie sind nicht aufeinander fixiert und müssen sich nicht dauernd anstarren. Vielmehr haben sie die Freiheit, den Blick zwischendurch mal in die Ferne schweifen zu lassen. Zugleich können sie sich auch auf einen direkten Blickkontakt einlassen.

Die Gesprächsleiterin kann sich unauffällig aus dem Gespräch nehmen und kann auch wieder auf die Gesprächspartner zugehen, ohne dem Gegenüber zu sehr auf den Pelz zu rücken. Eine Sitzordnung mit vielen subtilen Variationen!

„Gemeinsamer Feind"-Sitzordnung: Die günstige Anordnung von drei Gesprächsteilnehmern ist schwierig, jedoch auch eine Herausforderung in Elterngesprächen, in denen beide Elternteile teilnehmen. Sitzen beide Eltern an einer Tischseite und ihnen gegenüber die Gesprächsleiterin, so nennt man diese Konstellation „Gemeinsamer Feind"-Sitzordnung.[21]

Dabei bilden die Eltern eine geschlossene Front gegen die Gesprächsleiterin. Man möchte annehmen, dass eine solche Sitzordnung zur Konfrontation einlädt. Dies ist aber nicht unbedingt der Fall. Vielmehr hat diese Sitzordnung

---

21 Vgl. Cerwinka, G.; Schranz, G.: Die Macht der versteckten Signale, Wien Frankfurt 1999, S. 89.

auch Vorteile: Die Blicke der Eltern sind auf die Gesprächsleiterin ausgerichtet, wodurch eine wichtige Voraussetzung für eine konzentrierte Auseinandersetzung erfüllt ist. Weiterhin kann sich die Gesprächsleiterin abwechselnd den gegenübersitzenden Eltern zuwenden. Bei dieser Anordnung bildet die Gesprächsleiterin die Spitze eines Dreiecks und es spielt sich wie von selbst ein, dass alle Gesprächsbeiträge über sie laufen.

> Überlegen Sie, welche Sitzordnungen in den letzten drei Elterngesprächen eingenommen wurden. Haben Sie die beschriebenen Vor- und Nachteile erleben können?

Distanzzonen

Die Gesprächsteilnehmer gruppieren sich um den Besprechungstisch. Die Sitzordnung ist vorteilhaft. Aber trotz allem ist das Gespräch blockiert und holprig. Es könnte am Abstand der Gesprächspartner zueinander liegen, denn Menschen der westlichen Welt brauchen um sich herum eine bestimmte freie Zone, damit sie sich wohlfühlen können.[22] Die sogenannten Distanzzonen sind je nachdem, wie gut sich die Gesprächsteilnehmer kennen, unterschiedlich.

Intimdistanz: Sie ist nur den nächsten Angehörigen und engen Freunden vorbehalten. Unweigerlich versuchen wir zurückzuweichen, wenn Unbefugte in diese Distanz eindringen. Wenn sie in einem Elterngespräch nicht respektiert wird, so wird sich das Gespräch nicht frei entfalten können.

Gesprächsdistanz: Sie stellt die optimale Entfernung für Gespräche zwischen Gesprächspartnern dar, die gut miteinander bekannt sind. Dabei gibt es noch individuelle Unterschiede: Während die einen 50 bis 70 cm als angenehm erleben, fühlen sich andere bei 90 bis 110 cm wohl. Die Gesprächsleiterin kann aus nonverbalen Signalen die entsprechende Distanz erkennen, z. B. durch das Zurückrutschen mit dem Stuhl.

Wahrnehmungsdistanz: Dies ist der richtige Abstand bei einem Vortrag. Bei einem Gespräch wirkt ein so großer Abstand befremdlich und irritierend.

---

22 Vgl. Forgas, J. P.: Soziale Interaktion und Kommunikation. Eine Einführung in die Sozialpsychologie, München Weinheim 1995/3, S. 149.

Bei einer Distanz von 220 cm beginnt der öffentliche Raum. Bei einem solchen Abstand fühlen sich die meisten Menschen durch den anderen nicht mehr behelligt.

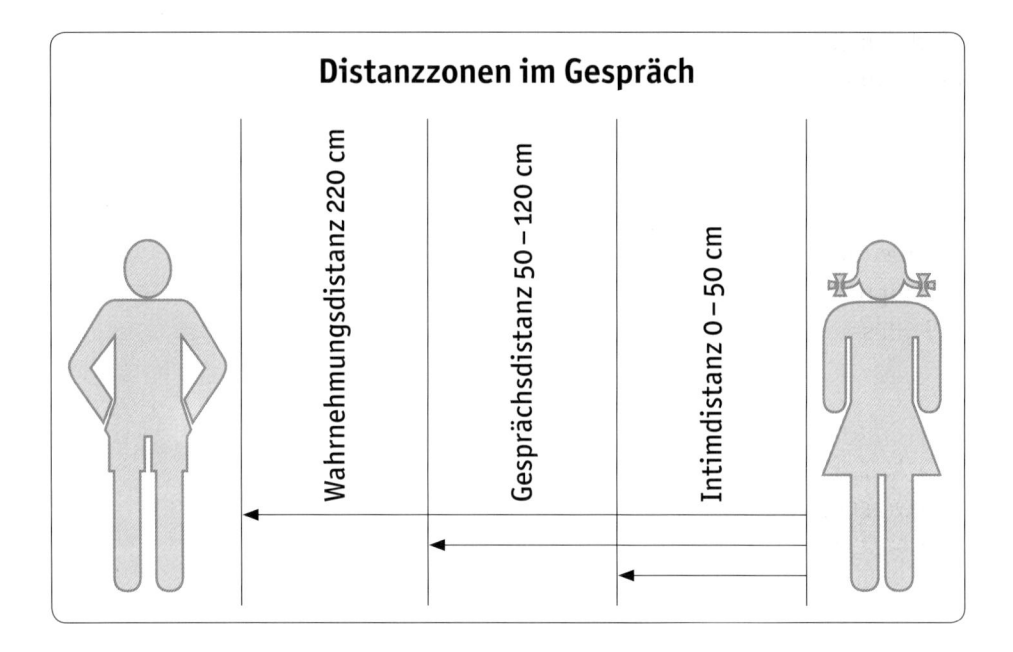

Distanzzonen im Gespräch

Wahrnehmungsdistanz 220 cm
Gesprächsdistanz 50 – 120 cm
Intimdistanz 0 – 50 cm

3. Die Durchführung von Elterngesprächen

3.1 Der Verlauf eines Elterngespräches

Nachdem Zielsetzung, Rahmenbedingungen und Startbedingungen bei den Eltern und der Gesprächsleiterin analysiert und bestimmt wurden, liegen für die Durchführung die besten Grundlagen vor. Die bewährte und hilfreiche Grundstruktur eines Elterngespräches setzt sich aus folgenden Abschnitten zusammen:

- Einleitung
- Hauptteil
- Schluss

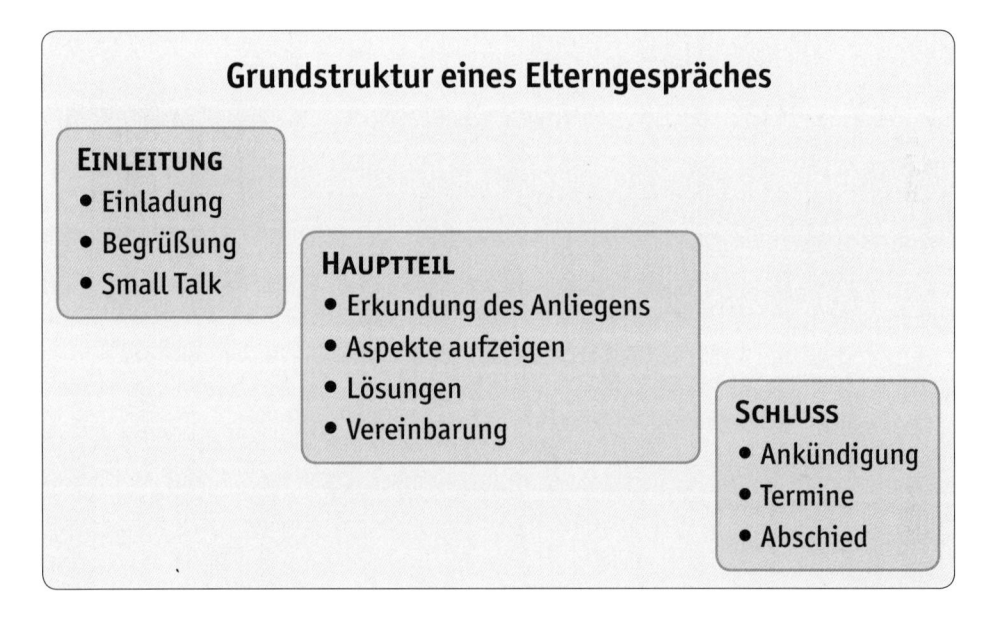

Grundstruktur eines Elterngespräches

EINLEITUNG
- Einladung
- Begrüßung
- Small Talk

HAUPTTEIL
- Erkundung des Anliegens
- Aspekte aufzeigen
- Lösungen
- Vereinbarung

SCHLUSS
- Ankündigung
- Termine
- Abschied

3.1.1 Die Einleitung

Nur kein Fehlstart!

Bei einem Gespräch ist es nach einem verkorksten Start nicht möglich, nochmals anzufangen. Daher ist größtmögliche Sorgfalt auf den Beginn eines Elterngespräches zu legen. Eine gute Einleitung braucht viel Überlegung.

> **PRAXIS-TIPP!** Wenn in der Einleitung oder auch während des Gespräches ein Beitrag misslingt, dann nicht den gesamten Beitrag nochmals wiederholen, sondern einfach weiterreden, wie wenn alles in bester Ordnung wäre. Meistens fällt das Missgeschick dann gar nicht auf!

Gesprächsbeginn vor der Eingangstür

Ein Gespräch beginnt nicht erst, wenn der Gesprächspartner in die Einrichtung kommt, sondern schon vor der Eingangstür. Ja, sogar schon bevor sich die Eltern auf den Weg machen. Erinnert sei an folgende Punkte:

- Wie wurden die Eltern eingeladen?
- Wie weit ist die Gesprächsleiterin den Eltern bei der Terminabsprache entgegengekommen?
- Wurde darauf geachtet, dass der Vater auch am Gespräch teilnehmen kann?
- Können – falls die Eltern zum ersten Mal kommen – Tipps zum günstigen Erreichen der Einrichtung gegeben werden?
- Wurden Hinweise zum Weg oder zu Parkgelegenheiten gegeben?

Professionell empfangen

Wenn diese Gesprächsvorbereitungen zur Zufriedenheit der Eltern erledigt wurden, folgen weitere Schritte: Sie als Gesprächsleiterin empfangen die Eltern an der Eingangstür und begleiten sie zum Besprechungsraum. Dort fragen Sie, ob sie den Mantel oder die Jacke ablegen möchten, und weisen ihnen Plätze zu. Der Eingangsbereich sollte deutlich gekennzeichnet sein, wenn man die Eltern nicht vor der Tür empfangen kann. Abends muss er unbedingt beleuchtet sein. Grundsätzlich ist eine unverschlossene Tür auch ein Zeichen des Willkommens.

Small Talk nicht unterschätzen!

Auch nachdem alle Gesprächsteilnehmer sitzen, beginnt noch nicht die Erörterung des Anliegens. Wenn die Eltern zum Besprechungsraum begleitet wurden, ergaben sich sicherlich einige Wortwechsel: *„Haben Sie gleich hergefunden?", „Wie geht es Ihnen bei der Arbeit?", „Oh je, in diesem Jahr zieht sich der Winter hin. Schlägt er Ihnen auch schon aufs Gemüt?"*. Dieses unverbindliche Gespräch läuft jetzt weiter.

Eine Brücke zum Anliegen

Das lockere, einleitende Gespräch baut den Gesprächspartnern eine Brücke aus ihrer Berufs- bzw. Familiensituation hin zum Thema des Gespräches. Zwischendurch können sie gefragt werden, ob sie etwas zu trinken wünschen. Hat sich bei den Gesprächspartnern ein Wohlfühlgefühl eingestellt, so können der zeitliche Rahmen, das Thema und das Vorgehen angesprochen werden. Mit einer kurzen Überleitung läuft das Gespräch auf den Hauptteil zu.

> **PRAXIS-TIPP!** Reden Sie in der Einleitung von den Hobbys der Gesprächspartner – nicht von Ihren eigenen Hobbys! Auch nicht von Ihrem Arbeitsstress oder Ihrem letzten Urlaub! Lassen Sie vielmehr die Mutter oder den Vater reden. Es entsteht sonst leicht der Verdacht, dass Ihre eigenen Erlebnisse im Mittelpunkt stehen. So ist die Absicht, den Eltern einen einladenden Übergang anzubieten, fehlgeschlagen.

Der nette Small Talk kann die Gesprächsleiterin leicht überlisten! Da ein interessantes Geschichtchen und hier eine schöne Story – und nach einer Stunde werden noch schnell die Infos eingezwängt, die eigentlich der Mittelpunkt des Gespräches sein sollten. Der Small Talk am Anfang verlangt Disziplin in der Gesprächsführung, damit er nur auf seine Aufgaben beschränkt bleibt.

> **PRAXIS-TIPP!** Vorsicht! Bestimmte Themen sind bei einem Small Talk tabu. Klammern Sie problematische Fragen aus, die sehr persönliche Dinge betreffen: beispielsweise Fragen des politischen Standpunktes, Fragen nach Geld und Gehalt, Fragen nach Krankheiten und vor allem Gerüchte und Klatsch.

3.1.2 Der Hauptteil

Im Hauptteil des Elterngespräches werden Themen und Anliegen ausgetauscht, beraten, verhandelt und, wenn nötig, Lösungen für anstehende Probleme gesucht. Bei den meisten Themen, auch wenn sie noch so unterschiedlich sind, ist ein dreigliedriges Vorgehen mit folgenden Schritten hilfreich: Erkundung des Anliegens, Beratung des Anliegens, Folgerungen/Lösungen.

„Mich interessiert, wie es bei Ihnen im Kindergarten so läuft", fragt eine Mutter. Daraufhin erläutert die Erzieherin in großer Ausführlichkeit das pädagogische Konzept. Wollte die Mutter überhaupt so umfängliche Auskünfte …?

> **Achtung, Stolperstein!** Grundsätzlich erzählt jeder Mensch gerne von sich selbst und darüber, worüber er gründlich Bescheid weiß. Als Gesprächsleiterin müssen Sie jedoch möglichst große Zurückhaltung zeigen!

Erkundung des Anliegens

Die Analyse von Elterngesprächen zeigte: Viele Gesprächsleiterinnen legten zu ungestüm los. Ein Thema, ein Anliegen, eine kritische Anmerkung – und schon brach ein Schwall von Erklärungen los. *„Ja, wunderbar, dass es eine Frage gibt, worüber man so richtig palavern kann!"* So drängt sich manchmal der Eindruck bei der Sichtung von Elterngesprächen auf.

Es braucht Geduld und kann dauern, bis sich diejenigen Punkte herauskristallisieren, die den Eltern auf den Nägeln brennen. Echte Anliegen herauszufinden, gelingt mit aufmerksamem Zuhören und geschickten Fragen.

> **Das Anliegen der Eltern hat Vorfahrt.**

Beratung des Anliegens

Stellt sich beim Abtasten verschiedener Anliegen und Themen heraus, welche Fragen die Gesprächspartner gründlicher angehen wollen, so können die Auseinandersetzung und der gegenseitige Informationsaustausch starten. Auch hier hat das Zuhören Vorrang.

„Ich möchte doch eine Beratung durchführen. Und Eltern erwarten Ratschläge …" In der Zusammenarbeit mit pädagogischen Fachkräften kommt immer wieder dieser Einwand. So paradox es klingen mag: Eine Beratung ist dann in höchstem Maß erfolgreich, wenn der Ratsuchende viele Aspekte und Möglichkeiten selbst aufdeckt. Geschickte Fragen der Gesprächsleiterin können helfen, neue Gesichtspunkte aufzudecken sowie Ansichten und Vorstellungen ans Licht zu bringen, die bisher nicht gesehen wurden.

Folgerungen und Lösungen

Nachdem das Anliegen entfaltet wurde und möglichst viele Gesichtspunkte offen daliegen, können Folgerungen abgeleitet werden. Im natürlichen Fluss des Gespräches lassen sich Beratung und Folgerung meist nicht deutlich voneinander trennen. Die Praxis zeigt, dass die Eltern, wenn sie verschiedene Aspekte eines Anliegens entdecken, meist von alleine passende Lösungen beisteuern – wenn man nicht gleich dazwischenredet und selbst eine Liste vermeintlich guter Ideen auftischt.

Gelingt es den Gesprächspartnern nicht, brauchbare Lösungen zu formulieren, so kann die Gesprächsleiterin durch gezielte Fragen Lösungen herausarbeiten. Aber auch an diesem Punkt ist die Gesprächstechnik des Zuhörens erste Wahl. Nur so ist die Gesprächsleiterin in der Lage, die konstruktiven Vorschläge der Eltern herauszuhören und sie gebührend zu würdigen, um sie ihnen nochmals deutlich vor Augen zu führen.

3.1.3 Der Schluss

Neben der Einleitung ist auch der Schluss höchst verantwortlich dafür, welchen Eindruck die Eltern vom Gespräch mitnehmen. Daher sollte die Beendigung eines Elterngespräches planvoll verlaufen.

Ankündigung des Gesprächsschlusses

Vom Hauptteil des Gespräches kann mit einer Ankündigung zum Ende übergeleitet werden. *„Wir haben uns viel erzählt. Für heute soll es reichen."* oder: *„Ich habe den Eindruck, es sind alle wichtigen Gesichtspunkte angesprochen worden …"* Kommt vom Gesprächspartner kein Widerspruch, so kann das Gespräch kurz zusammengefasst werden. *„Aus meiner Sicht waren im heutigen Gespräch diese Punkte wichtig: …" „Das Resultat unseres Gespräches möchte ich so zusammenfassen: …"* Zwei oder drei Gesichtspunkte, die die Hauptthemen des Gespräches waren, sollten aufgegriffen und in einem Satz genannt werden.

Abmachungen aufgreifen

Kaum ist eine Abmachung verhallt, schon erinnert sich keiner mehr daran.

„Ich gebe Ihnen nach dem Gespräch die Telefonnummer der Beratungsstelle …"
„Ich leihe Ihnen unseren Katalog …"
„Ich zeige Ihnen das genannte Bild …"

Solche Versprechungen der Gesprächleiterinnen gingen in den beobachteten Gesprächen oft völlig unter. Daher sollten unbedingt am Ende des Gespräches Abmachungen nochmals aufgegriffen und eingelöst werden. Dies gilt auch für die Zusagen, die die Eltern gemacht haben.

> **PRAXIS TIPP!** *„Peinlich, ich habe die Zusagen, die ich während des Gespräches gemacht habe, gar nicht eingelöst"*, denkt sich verärgert manche Gesprächsleiterin. Mussten Sie auch solche Erfahrungen machen? Versuchen Sie es mit einem Notizzettel! Sobald im Gespräch eine Abmachung getroffen wird, notieren Sie sie sofort groß auf einem Zettel. *„Damit wir am Ende den Katalog nicht vergessen"*, kann die Erklärung sein.

Dank und Verabschiedung

Es folgt ein Dank an die Gesprächspartner für die offene und freundliche Auseinandersetzung. Auch wenn das Gespräch sehr schwierig, kritisch und konfrontierend war, darf als Abschluss der Dank nicht fehlen. Dabei gilt es, die Auseinandersetzung möglichst positiv zu benennen, dabei aber ehrlich zu bleiben und darauf zu achten, dass es nicht zynisch klingt. Dann gleitet das Gespräch in einen Small Talk über. Die Gesprächspartner werden verabschiedet und bis zur Tür begleitet.

3.2 Worauf bei der Gesprächsführung zu achten ist

3.2.1 Was soll im Elterngespräch erreicht werden?

In der Regel ist ein Gespräch dann gut gelaufen, wenn die Teilnehmer zufrieden sind.
Diese Maxime hebt gleich mehrere Fragen auf den Plan: Gibt es Kriterien, die zeigen, wann von einem gelungenen Gespräch geredet werden kann? Und gibt es wissenschaftlich gesicherte Daten, die gelungene Gespräche kennzeichnen können? Es gibt sie! Zur Beurteilung, wann Gespräche als gelungen bezeichnet werden können, entwickelte der Pädagoge Jürgen van Buer Einschätzskalen.[23] Seine wissenschaftlichen Forschungen konnten folgende Zusammenhänge aufzeigen: Gespräche gelingen umso mehr und erhöhen die Zufriedenheit der Gesprächsteilnehmer, wenn es der Gesprächsleiterin gelingt, das Gespräch verständnisorientiert zu leiten und Erfolgsorientierung zu vermeiden.

Wie der Ausdruck bereits signalisiert, ist erfolgsorientierte Gesprächsführung nur auf den Erfolg hin konzentriert. Dies ist bei einem Verkaufsgespräch der erfolgreiche Vertragsabschluss. Und bei einem Elterngespräch? Manche Gesprächsleiterinnen sehen dann das Elterngespräch als gelungen an, wenn sie den Eltern möglichst viele Informationen geben konnten, wenn sie die Eltern davon überzeugen konnten, dass bestimmte Erziehungsvorstellungen richtig sind oder wenn sie gar den Eltern neue Verhaltensweisen gegenüber ihren Kindern beibringen konnten. Sind diese Absichten völlig daneben? Sollen Gesprächsleiterinnen sich von solchen Vorhaben ganz verabschieden? Im Grunde schon. Denn die Gesprächsführung, die voll und ganz am Erfolg ausgerichtet ist, bleibt über weite Strecken erfolglos. Jeder weiß aus eigener Erfahrung: Wenn jemand penetrant versucht, aus ihm einen anderen Menschen zu machen, dann sträubt er sich mit Händen und Füßen. Die Kommentare der Eltern nach einer

---

[23] Vgl. Buer, J., van; Matthäus, S.; Borrmann-Müller, R.; Apel, U. (Hrsg.): Entwicklung der kommunikativen Kompetenz und des kommunikativen Handelns Jugendlicher in der kaufmännischen Erstausbildung, Berlin 1995, S. 32–35.

solchen Gesprächstortour sind der Beweis. *„Eine solch dumme Gans, was weiß die von meinem Arbeitsalltag …",* meint beispielsweise eine Mutter nach einem Gespräch mit einer Hortleiterin, die ihr erklären wollte, sie müsse sich bei den Hausaufgaben mehr engagieren.

> Analysieren Sie kurz Ihr letztes Elterngespräch! Wer hat am meisten geredet? Haben Sie oft Ihre eigene Meinung eingebracht? Haben Sie die Eltern über Gebühr informiert? Haben Sie den Eltern konzentriert zugehört?

Die oben genannten Vorhaben werden teilweise eingestellt, wenn das Gespräch verständnisorientiert geführt wird.

3.2.2 Das verständnisorientierte Elterngespräch

Dass man versuchen soll, in Gesprächen Verständnis zu zeigen, ist für die Teilnehmer von Gesprächstrainings beinahe schon eine Allerweltsweisheit. Es braucht nicht die geringste Überzeugungsarbeit, damit dieses Ziel angenommen wird. Ganz anders ist die Lage, wenn dieses Ziel praktisch umgesetzt werden soll.

Folgende drei Prinzipien zeigen einen Weg zur verständnisorientierten Gesprächsführung:

- Gesprächsblockaden vermeiden,
- sich verständlich ausdrücken und
- sich um förderliche Grundhaltungen bemühen.

Wie vermeide ich Gesprächsblockaden?

Wenn es gelingt, einige Blockaden und Gesprächskiller zu vermeiden, so ist ein entscheidender Schritt zum gegenseitigen Verstehen zwischen Eltern und Pädagogen getan. Der Psychologe und Pädagoge Thomas Gordon zeigte in eindrucksvoller Weise, welche Gesprächsmuster das gegenseitige Verstehen behindern.[24] Diese sogenannten Gesprächsblockaden erzeugen Ablehnung und Missachtung – das Ende eines positiven Gespräches. Gordon führt folgende Gesprächsblockaden auf: befehlen, drohen, moralisieren, Ratschläge erteilen, belehren, beschuldigen, beschimpfen, schmeicheln, bemitleiden, interpretieren, verhören und ablenken.

---

24 Vgl. Gordon, T.: Familienkonferenz. Die Lösung von Konflikten zwischen Eltern und Kind, München 2000/30.

3. Die Durchführung von Elterngesprächen

In den von uns analysierten Elterngesprächen gab es kein Donnerwetter: Ein Befehlen, Drohen, Beschuldigen oder gar Beschimpfen konnte in keinem der Gespräche ausfindig gemacht werden. Die Gesprächleiterinnen in den untersuchten Elterngesprächen verstanden es überraschend gut, ohne die beschriebenen Gesprächsblockaden auszukommen. Die Videoaufzeichnungen konnten jedoch viele Facetten der Gespräche sichtbar und beobachtbar machen; es zeigten sich Hemmnisse und Barrieren, die häufig unbeachtet und ungenannt bleiben. Auch sie können sich zu größeren Blockaden auswachsen, wenn sie im Übermaß auftreten. Im Folgenden werden einige typische Beispiele erläutert.

Das Pausenproblem: In einigen Elterngesprächen drängte sich der Eindruck auf, dass die Gesprächsleiterin im Eiltempo das Elterngespräch zu Ende bringen wollte. Sie gönnte sich selbst und dem Gesprächspartner keine Zeit, um zwanglos überlegen zu können. In die kleinsten Pausen wurden sofort Fragen geschoben oder Erklärungen nachgeschickt. Schlag auf Schlag folgten Informationen; ein echtes Suchen und Ergründen wurde abgewürgt. Gespräche, vor allem über schwierige Themen, brauchen gestaltete Pausen. Damit wird dem Gesprächspartner ganz bewusst Zeit eingeräumt, um in Ruhe über Aussagen und Einsichten nachdenken zu können.

> Eine sehr heilsame Übung für die Hektikerinnen in Elterngesprächen: Üben Sie mit Kolleginnen oder mit Bekannten, bewusst Pausen einzulegen. Beispielsweise atmen Sie nach jedem Gesprächsabschnitt Ihres Partners unauffällig einmal tief durch – erst dann kommt Ihre Antwort.

Berge von Unterlagen: Als sich eine Erzieherin nach einer sehr ausgiebigen Vorbereitung zum Elterngespräch aufmacht, hat sie sieben vollgeschriebene DIN-A4-Blätter unterm Arm. Nichts gegen eine gründliche Vorbereitung auf ein Elterngespräch! Aber eine minutiöse Vorbereitung des Gesprächsverlaufs mit eventuellen Antworten verhindert ein spontanes Eingehen auf das Anliegen. Wenn die Gesprächsleiterin zwischendurch in ihren Unterlagen blättert und nachliest, kommt das Gespräch ins Stottern.

Gespräche mitschreiben: *„Darf ich mir beim Gespräch Notizen machen?"*, fragte eine Erzieherin die Mutter im Elterngespräch. Sie habe nichts dagegen, antwortete diese mit etwas säuerlicher Miene. Wenn bei einem Gespräch wiederholt mitgeschrieben wird, so drängen sich dem Gesprächspartner Befürchtungen und Vermutungen auf: *„Habe ich jetzt etwas ganz Wichtiges oder vielleicht etwas Schlimmes gesagt? Was werden die aus meinen Äußerungen herausfinden, was werden sie hineininterpretieren?"*

Wenn derartige Gedanken jemanden in einem Gespräch plagen, so sind die Chancen sehr gering, dass er die Probleme offen und ehrlich ansprechen wird. Auch werden sich die Eltern mit ihrem Anliegen zurückhalten, wenn alles gleich schriftlich fixiert wird. Und wer kann schon gut zuhören, während er schreibt?

Ticks: Viele Menschen haben eigenartige Angewohnheiten, wenn sie ein Gespräch führen. In den Veröffentlichungen wird dafür der Ausdruck „Gesprächsmanierismen" gebraucht. Bei einer sehr großen Häufung führen diese Ticks zu Unsicherheiten und Irritationen bei den Gesprächspartnern. Beispielsweise sagte eine Erzieherin in einem 30-minutigen Gespräch 65-mal „drinnen". Bekannter sind die Lückenfüller „Äh", „Aha", „irgendwie", „halt", „mit Sicherheit" und andere. Weiterhin wurden folgende Verhaltensweisen in einigen Elterngesprächen sehr häufig registriert: Bei schwierigen Gesprächspassagen zupften sich Gesprächsleiterinnen an den Haaren, strichen mit der Hand durchs Haar, wippten mit den Füßen oder zeigten durch Kopfschütteln unbewusst ihre Ablehnung. Andere feuchteten sich so demonstrativ ihre Lippen an, dass die Gesprächspartner durch das Herausstrecken der Zunge irritiert wurden.

> Einigen Gesprächsmanierismen kommen Sie durch folgendes Experiment auf die Schliche: Sie wählen Ihre eigene Telefonnummer oder diejenige der Dienststelle an und erzählen dem Anrufbeantworter ein Erlebnis oder einen Vorfall. Als Nächstes hören Sie den Anrufbeantworter ab und achten darauf, ob Sie die erwähnten Einschübe und Lückenfüller entdecken können. Je öfter Sie diese Übung durchführen, umso mehr wird es Ihnen gelingen, ohne „Ahs" und „Ähs" auszukommen. Zugleich verbessern Sie auch die Unzulänglichkeit halb formulierter Sätze!

Blockaden schleifen lernen: Den Gesprächsblockaden soll man mit Konzept und Plan zu Leibe rücken. Dazu ist als Erstes eine gründliche Analyse der durchgeführten Elterngespräche nötig. Wenn nach dem Elterngespräch eine Dokumentation und Auswertung vorgenommen werden, so sollten auch einige Anmerkungen zur Gesprächsführung angefügt werden. Beispielsweise: Was ist mir im Gespräch gut gelungen? Wo hatte ich Schwierigkeiten, das Gespräch zu führen? Die Beantwortung dieser Fragen hilft, das Gesprächsverhalten kontinuierlich zu verbessern. Bei solchen Überlegungen kann auch einfließen, welche Blockaden das Gespräch schwieriger werden ließen.

Was heißt „verständlich" sprechen?

Die Psychologen Inghard Langer, Friedemann Schulz von Thun und Reinhard Tausch ärgerten sich immer wieder über umständlich formulierte und schwer

3. Die Durchführung von Elterngesprächen

verständliche Texte. Deshalb gingen sie der Frage nach: Welche Anforderungen verlangt die Verständlichkeit von Texten? Sie gelangten bei ihren Forschungen zu dem Ergebnis, dass ein Text dann verständlich ist, wenn er einfach, gegliedert, prägnant und anregend ist.[25] Diese Orientierungspunkte wurden zunächst für die Verständlichkeit von Texten erarbeitet, sie gelten jedoch ebenso für verständliche Vorträge und Gesprächsbeiträge.

Aussagen gelten dann als einfach, wenn geläufige und anschauliche Ausdrücke aus der Alltagssprache verwendet werden. Daher sollten in Elterngesprächen ausgefallene Formulierungen und Fremdwörter weitgehend gemieden werden. Dies gilt in besonderem Maße für Gespräche mit Eltern, die die deutsche Sprache nicht gut beherrschen.

> IHR SOHN HAT NOCH GROSSE SCHWIERIGKEITEN MIT DER DEUTSCHEN SPRACHE, ABER DAS SPRACHBAD IM HORT WIRD SEINE SPRACHKOMPETENZ SCHNELL STEIGERN. ES IST GÜNSTIGER, WENN SIE ZU HAUSE TÜRKISCH SPRECHEN, EIN RADEBRECHEN WÜRDE SEINE SPRACHENTWICKLUNG NUR BEHINDERN...

Das kernige und alte Wort „Radebrechen" dürfte sogar deutschen Eltern Kopfzerrechen bereiten, wenn sie seine Bedeutung erklären sollten. Dieser türkische Vater hat mit Sicherheit keine Ahnung, welchen Fehler er vermeiden sollte!

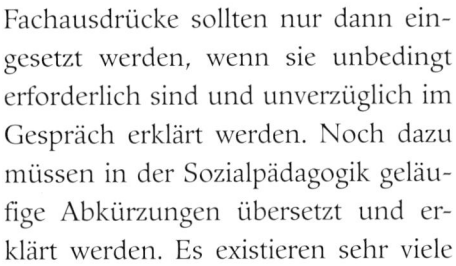

Fachausdrücke sollten nur dann eingesetzt werden, wenn sie unbedingt erforderlich sind und unverzüglich im Gespräch erklärt werden. Noch dazu müssen in der Sozialpädagogik geläufige Abkürzungen übersetzt und erklärt werden. Es existieren sehr viele den Pädagogen vertraute Kürzel, die aber Eltern aus fachfremden Arbeitsfeldern unverständlich sind, wie zum Beispiel KFH, BEP, ADHS oder KJHG. Auch wenn solche Abkürzungen im Elterngespräch einmal erläutert wurden, sollten sie dennoch außen vor bleiben, weil es für die Eltern äußerst schwierig werden kann, wenn sie sich Erläuterungen zu mehreren Abkürzungen merken müssen.

Versuchen Sie, Alltagssprache zu verwenden!

---

[25] Vgl. Langer, I.; Schulz von Thun, F.; Tausch, R.: Sich verständlich ausdrücken, München 2002/6, S. 14–21.

> Finden Sie heraus, ob Sie Kürzelliebhaberin sind. Finden sich Abkürzungen im schriftlichen Konzept? Etwa in Elternbriefen? Oder in Berichten und veröffentlichten Beiträgen?

„Aus dem Ersten folgt das Zweite und daraus dann drittens …" So schön wie in einem geschriebenen Text kann ein gesprochener Beitrag nicht gegliedert werden, weil ein Gespräch höchst variabel und dynamisch ist. Und trotz allem darf sich ein Gespräch nicht zu einem heillosen Durcheinander auswachsen – vor allem nicht ein Fachgespräch mit Eltern! Gespräche gelingen dann, wenn eine Ordnung und Gliederung sie durchzieht, sodass Zusammenhänge und ein roter Faden deutlich werden.

Diese Anforderungen können eingelöst werden, wenn im Elterngespräch nicht ein Thema das andere jagt. In der Regel sollten bei einem Termin nur ein bis zwei Hauptanliegen besprochen und vielleicht zwei oder drei Nebenfragen gestreift werden. Die Konzentration auf eine überschaubare Anzahl von Anliegen schützt auch davor, dass diese nur oberflächlich angeschnitten werden.

> **!** Versuchen Sie, das Elterngespräch übersichtlich und gegliedert zu gestalten!

„Bring es endlich auf den Punkt!", möchte man manchen Eltern zurufen, wenn sie von ihren Kindern erzählen. Denn nach den vielen blumigen Schilderungen sucht man als Gesprächsleiterin krampfhaft danach, wo das Anliegen steckt. Oder man versucht während der ausladenden Berichte herauszufinden, warum dies alles so wichtig ist. Das ist es vielleicht gar nicht. Die Eltern wollen nur endlich ihre vielen Erfahrungen und Beobachtungen loswerden.

Weitschweifigkeit ist das Gegenteil von Prägnanz. Sie tut sich hervor in unnötigen Einzelheiten, überflüssigen Erzählungen, umständlichem Ausholen, Wiederholungen und Füllwörtern. Weitschweifig und überflüssig sind in Elterngesprächen Erzählungen, Berichte und Vermutungen, die weder die Kinder, die Eltern noch die Kindertageseinrichtung betreffen. Solches Getratsche hebelt den Sinn und Zweck eines Elterngespräches aus und verstößt gegen das Prinzip der Konzentration und Prägnanz.

> **!** Versuchen Sie, Ihre Beiträge prägnant zu formulieren!

Nichts ist schlimmer für eine Gesprächsleiterin, als wenn sie zusehen muss, wie der Gesprächspartner mit seinen Gedanken abwesend ist oder kein Interesse mehr zeigt. Anregende Zusätze und schmückendes Beiwerk können die Motivation erhalten und die Lust am Zuhören anstacheln. Welche Mittel sind dazu erforderlich?

Ausrufe, Vergleiche, Bilder, Geschichten, Reizwörter, witzige Formulierungen und unerwartete Behauptungen können Gefühle anregen. Diese „Zutaten" wecken beim Zuhörer Anteilnahme, Freude und Spannung.

Für Elterngespräche stehen jede Menge anregender Zusätze zur Verfügung: Wenn die Gesprächsleiterin ihre abgeschlossenen Projekte auswertet und regelmäßig Einzelbeobachtungen durchführt, so ist stapelweise Material zur Veranschaulichung vorhanden. Beispielsweise können Aussagen und Bildungsinteressen der Kinder durch Zeichnungen und kreative Produkte belegt werden. Witzige und einfallsreiche Äußerungen von Kindern können Elterngespräche beleben. Verhaltensweisen und eigenwillige Ausdrucksweisen können den Eltern vorgemacht werden, sodass das Gespräch faszinierend und anschaulich wird. Fotos und Videoaufnahmen können direkt vor Augen führen, wie die Erläuterungen im Gespräch gemeint sind.

> Versuchen Sie, das Elterngespräch durch anregende Zusätze attraktiv zu gestalten!

> Notieren Sie fünf witzige Aussagen von Kindern, die Sie bei Aktionen registriert haben und die ein Elterngespräch auflockern könnten.

Welche Grundhaltungen sind für das Gespräch förderlich?

Wer Gesprächsblockaden vermeidet und bemüht ist, sich verständlich auszudrücken, der trägt schon sehr viel dazu bei, dass im Elterngespräch Verständnis erreicht wird.

Grundlage und Antriebskräfte für ein verständnisorientiertes Elterngespräch sind folgende Haltungen:

- Echtheit
- Annahme und Wertschätzung
- Einfühlung

Es war Carl R. Rogers, der als erster Grundhaltungen für Gesprächsleiter formulierte, die die Begegnungen von Menschen intensivieren und vertiefen können.[26] Die Psychologen Reinhard und Anne-Marie Tausch führten Rogers Konzept weiter. Sie übertrugen die Erkenntnisse der klientenzentrierten Gesprächsführung auf die Bereiche Erziehung und Bildung in Familien, Kindergärten und Schulen.[27] Den Gesprächspartner verstehen können und Verständnis zeigen, sind in Elterngesprächen Prozesse, die von einem ersten oberflächlichen zu einem intensiveren Kennenlernen hinführen.

Der erste Schritt zur Echtheit in Gesprächen ist, Unechtheit zu vermeiden. R. und A.-M. Tausch sprechen auch vom Vermeiden der „Fassadenhaftigkeit". Umgangssprachlich könnte man vom Vermeiden des „scheinheiligen Getues" sprechen.

Wie zeigt sich fassadenhaftes Verhalten? Äußerungen, Verhalten, Mimik und Gestik der Gesprächsleiterin stehen im Widerspruch zu ihrem Fühlen und Denken. Beispielsweise sagt die Erzieherin zur Mutter: *„Abgesehen von den aggressiven Verhaltensweisen finde ich ihren Sohn ganz nett und lustig."* In Wirklichkeit denkt sie: *„Wenn ich nur dieses schreckliche Kind nicht in der Gruppe hätte …"* Darf sich die Gesprächsleiterin nicht positiv äußern? Doch – aber diese Äußerungen dürfen ihrem Empfinden nicht total entgegengesetzt sein. Lieber keine positiven Bemerkungen als geheuchelte Lobhudeleien! Echtheit und Aufrichtigkeit wird von den Eltern erlebt, „[…] wenn die Gesprächsleiterin sagt, was sie denkt und fühlt. Sie gibt sich so, wie sie wirklich ist. Sie verhält sich ungekünstelt, natürlich, spielt keine Rolle […] Sie ist ehrlich sich selbst gegenüber, macht sich nichts vor, ist bereit, das zu sein, was sie ist."[28]

Echtheit ist die erste und grundlegende Haltung in der Gesprächsführung. Erst auf der Grundlage von Echtheit und Aufrichtigkeit erhalten Wertschätzung und Einfühlung wirksame Ansatzpunkte.

> **Echtheit fördert das Gelingen von Elterngesprächen.**

Ebenso wie bei der Grundhaltung „Echtheit" ist es auch bei der Grundhaltung „Annahme und Wertschätzung" ein Gewinn, wenn es gelingt, in Gesprächen Äußerungen der Ablehnung und Rücksichtslosigkeit zu vermeiden.

---

26 Vgl. Rogers, C.R.: Die klientenzentrierte Gesprächspsychotherapie, München 1986/8; Rogers, C.R.: Die nicht-direktive Beratung, München 1985/6.
27 Vgl. Tausch, R.; Tausch A.-M.: Erziehungspsychologie. Begegnung von Person zu Person, Göttingen Toronto Zürich 1991/10.
28 Ebd. S.215.

3. Die Durchführung von Elterngesprächen

Achtung, Anerkennung, Entgegenkommen und Annahme zeigen sich in einer Vielfalt von Verhaltensweisen: „In Anerkennung des anderen, in warmer Zuwendung, im Zeigen positiver Gefühle, in einem Sorgen für den anderen, in Herzlichkeit, in Anteilnahme, in Geduld, im Mitleiden, in Ermutigungen, in Achtung vor den Fähigkeiten und Möglichkeiten des anderen, in Vermeidung erniedrigender, demütigender und entmutigender Erlebnisse, in Vertrauen zu der anderen Person in Akzeptierung (nicht Billigung) der Gefühle und der Person des anderen […]".[29] Schon bei der Einladung für ein Elterngespräch kann Entgegenkommen praktiziert werden, wenn beispielsweise der Termin so festgelegt wird, wie es für die Eltern am günstigsten ist. Weiterhin zeigt die Gesprächsleiterin Annahme und Achtung gegenüber den Eltern, wenn sie bereits auf die Eltern wartet, sie freundlich empfängt und nicht vor dem Büro warten lässt.

> **Annahme und Wertschätzung fördern das Gelingen von Elterngesprächen.**

> Legen Sie sich fünf Möglichkeiten zurecht, die in den nächsten Elterngesprächen gegenüber den Eltern Anerkennung und Wertschätzung zum Ausdruck bringen!

Den Gesprächspartner zu verstehen, ist keine spontane und kurzfristige Angelegenheit. Es ist vielmehr ein längerer Prozess, der auf konzentriertem, intensivem Austausch und gegenseitiger Rückmeldung beruht. Daher steht am Beginn eines Elterngespräches der Abbau von Verhaltensweisen, die Unverständnis, Abwendung und Verschlossenheit bedingen könnten. Kein einfühlendes Verstehen zeigt sich in folgenden Verhaltensweisen: „Eine Person geht nicht auf die Äußerungen des anderen ein. Sie geht nicht auf die vom anderen ausgedrückten oder hinter seinem Verhalten stehenden gefühlsmäßigen Erlebnisinhalte ein. Sie versteht den anderen deutlich anders, als dieser sich selbst sieht."[30]

Einfühlendes Verstehen ist eine kaum verlangte Fähigkeit im öffentlichen Leben, denn sowohl im Schulleben als auch im Alltag ist vor allem gefragt, sich selbst, sein Wissen und Können in den Vordergrund zu rücken. Wenn auch

---

[29] Vgl. Tausch, R.; Tausch, A.-M.: Erziehungspsychologie. Begegnung von Person zu Person, Göttingen Toronto Zürich 1991/10, S. 123.
[30] Ebd. S. 181.

vollständig einfühlendes Verstehen als hohe Kunst in der Gesprächsführung bezeichnet werden kann, so soll die Fähigkeit doch auch im Elterngespräch zum Tragen kommen, denn einfühlendes Verstehen ist der Weg zu persönlichen und tiefgehenden Gesprächen. Vollständig einfühlendes Verstehen äußert sich wie folgt: „Eine Person erfasst vollständig die vom anderen geäußerten gefühlsmäßigen Erlebnisinhalte und gefühlten Bedeutungen. Sie wird gewahrt, was die Äußerungen oder das Verhalten für das Selbst des anderen bedeuten. Sie versteht den anderen so, wie dieser sich im Augenblick selbst sieht. Sie teilt dem anderen das mit, was sie von seiner Welt verstanden hat." [31]

Wenn Gesprächsleiterinnen in Elterngesprächen einfühlendes Verstehen zeigen, öffnen sich die Eltern im Gespräch zunehmend und reden über persönliche Erfahrungen und Erlebnisse. Weiterhin zeigten Forschungen, dass sich das Erlebnisfeld der Gesprächspartner lockert und andere Betrachtungsweisen von Ereignissen möglich werden. Erfahrungen und Ereignisse werden neu gewichtet und es treten andere Aspekte in den Vordergrund. Sogar die Bedeutungswelt des Gesprächspartners mit seinen Meinungen und Urteilen kann sich teilweise umstrukturieren. Unter diesen Bedingungen kann ein Elterngespräch weitreichende Folgen für die künftige Erziehung entwickeln. Denn oftmals werden bei den Eltern einseitig ausgerichtete Erziehungsvorstellungen und verengte Erziehungsziele angetroffen. Wenn neue Aspekte ins Spiel kommen, so eröffnen sich für die Kinder zusätzliche Bildungschancen.

> **Einfühlendes Verstehen fördert das Gelingen von Elterngesprächen.**

3.3 Gesprächstechniken

Die Überlegungen zum Verlauf eines Elterngespräches ließen schon mehrmals durchschimmern, dass verschiedene Gesprächstechniken in bestimmten Gesprächsphasen förderlich sind und einiges zum Gelingen beitragen können. Demgegenüber ist klar: Gesprächstechniken sind keine Zaubersprüche. Sie allein können missliche Gesprächssituationen nicht retten. Gesprächstechniken können jedoch Chancen eröffnen, in entsprechenden Gesprächsphasen gezielter vorzugehen und somit manches Anliegen oder Problem eingehender zu bearbeiten. In diesem Abschnitt werden folgende grundlegende Gesprächstechniken beschrieben: das Zuhören, das Fragenstellen und das Stellungnehmen.

---

31 Vgl. Tausch, R.; Tausch, A.-M.: Erziehungspsychologie. Begegnung von Person zu Person, Göttingen Toronto Zürich 1991/10, S. 50.

3.3.1 Zuhören

„Wer muss sich beim Zuhören schon anstrengen? Es bedeutet doch ganz einfach nichts zu sagen, zu schweigen und den Mund zu halten. Nichts Besonderes!" So lautet oft das oberflächliche Urteil übers Zuhören. Bei genauer Beobachtung zeigt es sich allerdings, dass das gute Zuhören gar nicht so leicht ist.

Viele Gesprächsleiterinnen fallen beispielsweise ihren Gesprächspartnern immer wieder ins Wort und kappen deren Gesprächsbeiträge. In Elterngesprächen lassen sich zudem viele Verhaltensweisen des Weghörens und Überhörens beobachten, so zum Beispiel ein teilnahmsloser Blick aus dem Fester, ein demonstrativer Blick auf die Uhr, ein Blättern in den Unterlagen, bündiges Ausrichten der Unterlagen, Abwendung, ein Klopfen mit den Fingern auf den Tisch, ein Herumrutschen auf dem Stuhl, ein Herumnesteln an der Halskette …

Neben der konzentrierten Zuwendung zum Gesprächspartner lässt sich die Bereitschaft zum Zuhören noch deutlicher markieren. Es sind die uns vertrauten Signale, die wir beim aufmerksamen Zuhörer sehnlichst erwarten, obwohl sie nur als Beiwerk gesehen werden, so zum Beispiel Aufmerksamkeitsreaktionen wie sich nach vorne beugen, nicken, lächeln oder die Stirn runzeln. Unterstützt werden solche Signale meist durch sprachliche Bestätigungen: „Aha", „Mhm", „Genau" „Wirklich?", „Interessant!" …

Dabei ist jedoch Vorsicht geboten. Nicht maßlos übertreiben! Das entgegenkommende Verhalten und die aufgebrachte Freundlichkeit müssen zur Person passen. Sie müssen einen echten und ehrlichen Eindruck hinterlassen.

> Experimentieren Sie in einem Gespräch mit einem Partner oder Bekannten! Setzen Sie ganz bewusst Aufmerksamkeitsreaktionen ein. Sie werden erstaunt sein, wie eingehend und begeistert Ihr Gesprächspartner erzählen wird!

Eine weitere Technik des Zuhörens besteht darin, bewusst Pausen einzusetzen. (s. dazu „Das Pausenproblem", S. 52).

Den Pausen kann man auch einen kommunikativen Schubs geben. Eine Aufforderung kann das Reden des Gesprächspartners anregen und den Gesprächsbeiträgen Tür und Tor öffnen. Gordon nennt daher diese Fertigkeit „Türöffner oder Gesprächseinladungen".[32] Es sind damit Aufforderungen gemeint wie zum

---

[32] Vgl. Gordon, T.: Familienkonferenz. Die Lösung von Konflikten zwischen Eltern und Kind, München 2000/30, S. 40–52.

Beispiel *„Mich interessiert …"*, *„Magst du darüber sprechen?"*, *„Mich würde interessieren, was du denkst …"*, *„Das hört sich an, als hättest du eine bestimmte Meinung dazu."*, *„Sollte ich noch etwas wissen?"*.

> **!** Wichtige Voraussetzungen für das Zuhören:
> - sich dem Gesprächspartner deutlich zuwenden
> - eine Haltung des Zuhörens einnehmen
> - den Gesprächspartner ausreden lassen

Das *Aktive* Zuhören

Die angesprochenen Fertigkeiten machen deutlich, dass das Zuhören mehr verlangt als zu schweigen und still zu sein. Es wird aktiv. Der bereits genannte Wissenschaftler Thomas Gordon hat ein Konzept des Aktiven Zuhörens entwickelt, das mehrere Schritte umfasst, wobei jedoch jeder Schritt auch für sich selbst stehen kann. Es ist schon viel erreicht, wenn die Gesprächsleiterin sich dem Gesprächspartner bewusst zuwendet, Aufmerksamkeitsreaktionen zeigt und Einladungen zum Weitersprechen macht.

Nun aber die hohe Schule des Aktiven Zuhörens: Ein erster Schritt dieser Gesprächstechnik ist, Aussagen der Gesprächspartner zu wiederholen. Neben der wortwörtlichen Wiederholung gibt es die Variante der Wiederholung mit eigenen Worten. Wiederholen heißt nicht nachplappern! Die wörtliche Wiederholung ist schon wirksam, wenn nur der letzte Satz oder ein Satzteil wiederholt wird. Hier Beispiele aus Elterngesprächen:

Mutter: *„Wir sind letztes Jahr in diese Gegend gezogen. Leider haben wir bis heute noch keinen Kontakt zu anderen Eltern gefunden."*
Gesprächsleiterin: *„Sie haben bisher noch keinen Kontakt gefunden?"*
Mutter: *„Sich nur um Kinder kümmern, Essen kochen, Wäsche richten, einkaufen, Tag für Tag der gleiche Trott. Da fällt einem zu Hause die Decke auf den Kopf."*
Gesprächsleiterin: *„Sie verrichten Tag für Tag die gleichen Tätigkeiten und das engt sie ein?"*

Das zweite Element des Aktiven Zuhörens erstreckt sich auf die Gefühle des Gesprächspartners. Dabei bietet es sich an, Gefühle nochmals zu benennen, die der Gesprächspartner bereits artikuliert hat. Werden jedoch Gefühle nicht ausdrücklich genannt, so kann die Gesprächsleiterin die Gefühle aussprechen, die sie durch Einfühlung in die Situation wahrnimmt. Hierzu wieder ein Beispiel aus Elterngesprächen:

Mutter: *„Mein Sohn ist geradezu süchtig nach Computerspielen. Jede freie Minute ist er vor dem PC zu finden. Ich rede und rede auf ihn ein und bin ratlos, weil ich ihn nicht abhalten kann."*
Gesprächsleiterin: *„Sie sind ratlos, weil ihre Aufforderungen bei ihrem Sohn nicht ankommen?"*

Das Reich der Emotionen ist ein unsicheres und meist unberührtes Gelände, daher werden von den Eltern nicht sehr häufig Gefühle direkt benannt und die Gesprächsleiterin braucht viel Übung, um darin sicher zu werden.

Warum ist das Zuhören so wichtig?

Warum ist das Zuhören ein grundlegendes Element der Gesprächsführung? Warum ist das Aktive Zuhören in Gesprächen so wirkungsvoll? Es lassen sich folgende Vorteile des Zuhörens aufführen:

- Zuhören ist ein Kennzeichnen von Partnerschaft.
- Zuhören ist ein Verzicht auf Egozentrik und Eigenwillen sowie eine Konzentration auf den Gesprächspartner.
- Zuhören zeigt dem Gesprächspartner Annahme, Bejahung und Wertschätzung.
- Zuhören ist Voraussetzung zur Lösungsfindung, die dem Gesprächspartner entspricht.
- Der Gesprächspartner gewinnt Freiheit zum Reden und Raum zur Identitätsfindung.
- Gehörfinden ist ein menschliches Grundbedürfnis.

Nach Gordon wird durch Aktives Zuhören in besonderer Weise Klarheit in die Kommunikation gebracht. Aktives Zuhören vermindert Missverständnisse und trägt ganz entscheidend zu einem gelungenen Gespräch bei.

3.3.2 Gekonnt Fragen stellen

„Man muss die Menschen nur geschickt fragen, dann können sie auf alle Probleme eine Antwort finden", so die Meinung des berühmten Philosophen Sokrates. Die allerwichtigste Voraussetzung dazu ist jedoch, dass die Gesprächspartner auch Lust und Laune haben zu antworten.

Fragen im Elterngespräch dürfen vor allem nicht den Anschein eines Ausfragens aufkommen lassen. Ein Ausfragen erinnert leicht an eine Prüfungssituation in der Schule. Und daran haben die meisten keine erfreulichen Erinnerungen!

Geschickt gestellte Fragen haben für Gespräche belebende und förderliche Wirkungen. Sie verdienen die Bezeichnung „Beziehungsbrücken", weil sich die Gesprächsleiterin durch Fragen direkt an den Gesprächspartner wendet und somit gesteigertes Interesse an seinen Erfahrungen und Meinungen kundtut. Daher sind Fragen besonders geeignet, um Beziehungen zwischen der Gesprächsleiterin und dem Gesprächspartner aufzubauen, und sie sind der Motor für einen partnerschaftlichen Informationsaustausch.

Worauf ist beim Fragenstellen im Elterngespräch zu achten? Analysen von Elterngesprächen haben gezeigt: Die eingesetzten Fragen haben zum Teil die bekannten Wirkungen nicht gezeigt, vielmehr ist doch eine Verhörsituation eingetreten. Folgende Unzulänglichkeiten wurden häufiger beobachtet:

- In Elterngesprächen wurden gleich mehrere Fragen aneinandergereiht.
- Die Eltern wurden durch die vielen Fragen irritiert und antworteten meist nur auf eine Frage.
- Die Fragen wurden manchmal nicht klar genug gestellt: Beispielsweise wurden in die Fragen noch zusätzliche Informationen eingeschoben, sodass es schwer wurde, die Frage als solche zu erkennen.
- Die Fragen wurden negativ formuliert, sodass schwer zu erkennen war, worauf die Frage zielte.
- Nach den Fragen wurden den Eltern häufig keine Pausen gewährt. Schlimmer noch: Aus Ungeduld wurde von einigen Gesprächsleiterinnen die gestellte Frage gleich selbst beantwortet.

> Denken Sie an das letzte Elterngespräch. Haben die Fragen immer Gesprächsbeiträge der Eltern provoziert? Wenn Sie feststellen müssen, dass auf Ihre Fragen nicht immer oder nur selten Beiträge folgten, dann liegt vielleicht einer der genannten Fehler vor. Versuchen Sie, ganz bewusst solche Fehler beim Fragen aufzuspüren!

Welche Fragen können wie eingesetzt werden?

Frage ist nicht gleich Frage: Jede Frage hat ihren eigenen Wirkungshof und braucht oft eine festgelegte Situation oder eine markierte Stelle im Gesprächsverlauf, um Impulse aufbauen zu können. Daher werden zunächst unterschiedliche Fragearten vorgestellt und mit Beispielen aus Elterngesprächen veranschaulicht.

Rhetorische Fragen: Diese richtet der Sprecher an sich selbst und erwartet keine Antwort.

Beispiel: *„Ja, wie soll es weitergehen? Wie oft stehe ich vor solchen Entscheidungen?"*

Sie tragen wenig dazu bei, Gesprächsbeiträge aus dem Gesprächspartner hervorzulocken. Sie sind jedoch – sparsam eingesetzt – eine belebende Abwechslung im Gespräch.

Suggestivfragen: Sie unterstellen, dass die Gesprächspartner gleicher Ansicht sind.

Beispiel: *„Wir wollen doch alle, dass sich die Kinder wohl fühlen?"*

Da Suggestivfragen nicht zum Erzählen anspornen, tragen sie kaum etwas dazu bei, dass Ansichten und Erfahrungen ausgetauscht werden. Und dennoch sind sie in Gesprächen nicht völlig unnütz. Zum einen signalisieren sie mehr Hinwendung zum Gesprächspartner als das einseitige Informieren, zum anderen verbreiten sie eine positive Grundstimmung. Denn eigenartigerweise fühlen Menschen sich angenommen und geachtet, wenn sie zustimmen dürfen. Der Einsatz von Suggestivfragen ist allerdings nur dosiert förderlich, weil offensichtliche und häufige Zustimmung Misstrauen aufkommen lässt.

Alternativfragen: Sie fordern den Gesprächspartner auf, sich für eine von mehreren genannten Möglichkeiten zu entscheiden. Zugleich verschleiern sie, dass es möglicherweise noch weitere Alternativen gäbe.

Beispiel: *„Wollen Sie, dass der Kindergarten früher öffnet oder später schließt?"*

Alternativfragen sind in einem Gespräch jedoch äußerst nützlich, wenn Entscheidungen bei mehreren Möglichkeiten getroffen werden sollten. Sie zeigen zunächst die Entscheidungsmöglichkeiten auf und verlangen vom Gesprächspartner eine Festlegung. Zugleich sind sie für die Gesprächsleiterin ein Instrument der Steuerung, weil sie bereits eine Vorauswahl an Möglichkeiten treffen kann.

Geschlossene Fragen: Sie sind sehr zielgerichtet und räumen dem Gesprächspartner als Antwort nur „Ja" oder „Nein" ein. Wenn sie zu häufig eingesetzt werden, erzeugen sie das Gefühl des Aushorchens, wie zum Beispiel: *„Waren Sie beim letzten Elternabend?", „Wollen Sie die Aufgabe übernehmen?", „Haben Sie einen Termin frei?"*. Zu viele solcher Fragen rufen Widerstand und Ablehnung auf den Plan. Vor allem das mulmige Gefühl in Erinnerung an schulische Prüfungen verdirbt die Stimmung. Geschlossene Fragen fordern den Gesprächspartner wenig heraus. Auf der anderen Seite verlangt die Antwort „Ja" oder „Nein" eine klare Entscheidung und ist somit auf die Meinung des anderen aus. Die Energie der geschlossenen Fragen liegt in der Konzentration auf den wichtigen und entscheidenden Punkt. Daher haben solche Fragen ihre volle Berechtigung, wenn Entscheidungen anstehen.

Offene Fragen: Sie sind freundliche und motivierende Aufforderungen zum Erzählen. Sie laden den Gesprächspartner zum Weitersprechen ein und gewähren ihm die Freiheit, jeden Gesichtspunkt einer Angelegenheit darzulegen. Zu den offenen Fragen zählen alle W-Fragen: Wer? Was? Wie? Wo? Wann? Warum? Weshalb? Weiterhin gelten alle Impulse und Aufforderungen zum Reden und Erzählen als offene Fragen, zum Beispiel: *„Können Sie noch Weiteres erzählen?", „Möchten Sie darüber ausführlicher sprechen?", „Könnte noch etwas interessant sein?"*. Offene Fragen sind neben dem Aktiv-Zuhören das eigentliche Lebenselixier eines jeden Gespräches. Daher sind sie auch für Elterngespräche die treibenden Kräfte zur Ausweitung und Vertiefung.

3.3.3 Stellung nehmen

Elterngespräche sind von sehr unterschiedlichem Charakter. Wenn Eltern sich beispielsweise über die Arbeit im Kindergarten informieren wollen, dann kommt die Gesprächsleiterin gut zurecht, wenn sie aktiv zuhört, Fragen stellt und informiert. Mit den gleichen Gesprächstechniken kann sie ein Gespräch führen, wenn über das Verhalten und die Entwicklung eines Kindes geredet wird. Aber oftmals ist die Ausgangslage doch komplizierter! Der Familienalltag, die Anforderungen in Kindertageseinrichtungen, die Ansprüche an pädagogisch qualifizierte Arbeit und auch eigene pädagogische Vorstellungen bringen darüber hinaus Anforderungen und verzwickte Gesprächslagen. Teilweise durchkreuzen die Erwartungen sowie pädagogischen Mittel und Handlungen der Eltern regelrecht die Ansprüche der Gesprächsleiterin und können im Widerspruch zu ihren Erziehungsvorstellungen stehen. Und es kann noch problematischer werden:

Wenn Eltern Erziehungspraktiken einsetzen, mit denen die Gesprächsleiterin nicht einverstanden ist, die völlig inakzeptabel sind oder wenn sie sogar von der Gesprächsleiterin verlangen, ihr Kind nach diesen Prinzipien zu behandeln.

Diese Gespräche verlangen mehr als Zuhören oder Fragenstellen (s. hierzu auch „Vorgehen bei Konfliktgesprächen", S. 76 ff.). Gesprächsleiterinnen müssen Farbe bekennen und ihre Positionen vortragen. Welche Methoden stehen bereit, wenn die Gesprächsleiterin Stellung beziehen soll und Forderungen aufstellen muss?

In solchen Fällen trifft der kritische Beobachter von Elterngesprächen häufig auf folgende Verschleierungstaktik: dem Versteckspiel hinter Allgemeinheiten. Da treten dann für die eigene Überzeugung allgemeine Floskeln ein, wie *„Alle sind der Meinung ..."*, *„Man weiß doch ..."*, *„Das tut man nicht ..."*, *„Wir wollen erst einmal ..."*.

Solche Aussagen verbergen die persönliche Meinung hinter einer angeblich allgemein akzeptierten Meinung. Es werden andere vorgeschoben, damit man selbst im Hintergrund bleiben und der eigenen Stellungnahme ausweichen kann. Es soll die Eltern beeindrucken, vielleicht sogar einschüchtern, wenn die Gesprächsleiterin mit dem Anspruch einer umfassenden und diffusen Allgemeinheit auftrumpft. Ein fataler Irrtum! Denn manchmal wird diese Finte auf der Stelle durchschaut. *„Oh, wie schüchtern und unsicher ist die Gesprächsleiterin!"*, werden manche Eltern denken. Zum anderen wird der Gesprächspartner ausgegrenzt: *„Sie allein sind die Ausnahme, die diese Ansicht nicht teilt"* ist die Botschaft, die einem partnerschaftlichen Gespräch im Wege steht. Hier ein Beispiel:

Gesprächsleiterin: *„Peter spielt immer allein. Aber man weiß heute, dass Kinder möglichst viele Kontakte brauchen."*
An der Aussage ist einiges richtig, aber dennoch ist sie so unumstößlich formuliert, dass sie ein Weiterreden unterbindet. Anders dagegen, wenn der Gesprächsbeitrag so formuliert wird: *„Mir ist aufgefallen, dass Peter oft allein spielt. Ich fürchte, er isoliert sich zu sehr von den anderen Kindern."*

Mit einer solchen Ich-Aussage erleichtert die Gesprächsleiterin der Mutter, ihre eigene Meinung ebenso ins Gespräch einzubringen. Jetzt kann es zum echten Meinungsaustausch kommen, in dessen Verlauf sich eventuelle Lösungsmöglichkeiten finden lassen, die sowohl den pädagogischen Vorstellungen der Gesprächsleiterin als auch den Möglichkeiten der Mutter entsprechen können.

> **Beobachtungen und Überzeugungen der Gesprächsleiterin sollen als solche deutlich erkennbar sein und als Ich-Aussage formuliert werden.**

Ist es nicht zu hart, die Eltern mit völlig anderen Erziehungsansichten zu konfrontieren? Kann es nicht vorteilhafter sein, bestimmte Autoritäten voranzustellen, beispielsweise Wissenschaftler, Fachbeiträge in Zeitschriften und Medien, die Statistik oder den Fachvortrag? Kritik und Verärgerung über die Aussage sollen diese Autoritäten wie ein Blitzableiter unschädlich machen. Ein Beispiel für eine solche Gesprächssituation: Gesprächsleiterin: *„Kinder, die wie Oliver mit fast 6 Jahren noch immer Kopffüßler malen, sind nach heutiger Forschungslage nicht schulreif."*

Die Gesprächsleiterin präsentiert damit eine unpersönliche, wissenschaftliche Aussage, die der Mutter Kopfzerbrechen bereitet, weil sie viele sonstige Fähigkeiten von Oliver kennt, die sehr wohl Schulreife erkennen lassen. Mit dieser Aussage wird die Gesprächsleiterin vermutlich bei der Mutter Gefühle des Sich-Verteidigen-Müssens, eine Art Antihaltung auslösen, was zu einem Gegeneinander führen wird. Die unterschiedlichen Standpunkte werden sich noch erhärten, und die Mutter geht unter Umständen mit dem Gefühl nach Hause: *„Der Erzieherin ist gar nicht daran gelegen, meinen Oliver zu fördern."*
Eine geeignetere Formulierung wäre hier: *„Wenn ich sehe, wie Oliver noch Kopffüßler malt, mache ich mir wirklich Gedanken, ob er wohl schon schulreif ist."*

Mit dieser Äußerung macht die Gesprächsleiterin ihre persönliche Meinung deutlich. Sie vermittelt dabei der Mutter, dass sie an Oliver und seiner Entwicklung Anteil nimmt. Der Mutter fällt es nun leichter, auch andere Gesichtspunkte als die frühzeitige Einschulung in Betracht zu ziehen. Sicher aber wird die Mutter mit dem Gefühl nach Hause gehen: *„Die Erzieherin macht sich Gedanken um meinen Oliver. Sie wird mir helfen, die richtige Entscheidung zu treffen."*

> **!** **Meinungsäußerungen sollten als offenes Diskussionsangebot eingebracht werden.**

Ist es nun ganz verboten, Autoritäten zu zitieren, sich auf andere zu berufen oder das Team als Unterstützung einzusetzen? Selbstverständlich kann die Gesprächsleiterin erwähnen, dass sie einen Fachbeitrag gelesen hat oder auf einer Fortbildung war und dabei eine bestimmte Überzeugung gewonnen hat. Gleiches gilt für das Team. Wenn beispielsweise pädagogische Prinzipien von Eltern in Frage gestellt werden, ist folgender Hinweis angebracht: *„Wir im Team haben bei der Konzeptentwicklung diese Frage ausführlich diskutiert. Wir alle waren der Meinung, dass dieser Punkt für unsere Einrichtung sehr wichtig ist."*

> Ist Ihnen die Formulierung „Wir im Team ..." vertraut? Wie groß ist die Häufigkeit einer solchen Formulierung in Ihren Teamgesprächen? In Ihren Elterngesprächen?
> In manchen Kindertageseinrichtungen bekennt sich das Team bewusst zur Formulierung „Wir im Team ...". Welche Vorteile und welche Nachteile sind damit verbunden?

Die Klärung im „Inneren Team"

Bewusst Stellung zu nehmen und die eigene Überzeugung zu bekunden, fällt vielen Menschen schwer. Meistens nicht, weil sie dies nicht klipp und klar sagen könnten, wovon sie überzeugt sind, sondern weil es vorerst Anstrengung verlangt, eine ausgereifte Meinung zu finden. Eine Stellungnahme wirkt jedoch kaum überzeugend, wenn der Sprecher wenig von seinen Aussagen überzeugt ist und die Forderungen mit vielen Wenns und Abers aufgeweicht wurden.

Der Psychologe und Kommunikationsforscher Friedemann Schulz von Thun entwickelte ein System, das die Prozesse der Klärung im Inneren des Menschen veranschaulicht und aufzeigt, wie Gesprächspartner Standpunkte klären und absichern können.[33] Dieses Konzept bezeichnet er als „Inneres Team".

Jedem Menschen sind folgende Erfahrungen vertraut: Wenn man zu einer bestimmten Frage oder zu einem konkreten Problem Stellung beziehen soll, dann melden sich in unserem Inneren mehrere Stimmen, die verschiedene Ansichten haben und gegensätzliche Urteile fällen. Eine eindeutige Stellungnahme ist dann blockiert.

---

[33] Vgl. Schulz von Thun, F.: Miteinander reden. Band 3: Das „Innere Team" und situationsgerechte Kommunikation, Hamburg 1998, S. 117–180.

> Welche inneren Stimmen melden sich bei Ihnen, wenn ein Vater in einem Elterngespräch eine Behauptung, wie sie in der Zeichnung gezeigt wird, aufstellt? Können Sie sich mit den vorgestellten Stimmen identifizieren? Melden sich bei Ihnen noch weitere Stimmen? Können Sie in dieser Lage eine Lösung finden, die eine eindeutige Antwort ergibt?

Die unterschiedlichen Ansichten und Urteile brauchen ein Forum und eine Verhandlungschance, daher sollten sie in einer Konferenz angesprochen und zu einer Klärung gebracht werden. Die Einzelstimmen müssen Platz erhalten, um ihre Ansichten auszubreiten. Dabei ist jede Stimme wertvoll und darf nicht vorschnell verworfen werden. Dann erfolgt eine Diskussion der Einzelstimmen unter der Leitung des Oberhauptes.[34] Das Oberhaupt im Inneren Team ist sozusagen der Moderator, der den unterschiedlichen Ansichten nachgeht und sie zur Verhandlung bringt.

In einem ersten Schritt stellt das Oberhaupt folgende Fragen:

- Was sagen die Einzelstimmen genau?
- Was sagen sie sich gegenseitig?

Dann folgt ein weiterer Schritt der Teambesprechung mit folgender Frage:

- Was könnte der Beitrag jeder Stimme zum entscheidenden Problem sein?

Nach einer solchen Diskussion sollte eine integrierte Stellungnahme möglich sein. Das heißt, dass die verschiedenen Gesichtspunkte miteinander verbunden und ergänzt werden. Eine Kunst, die nicht gerade zur Routine eines jeden gehört! Das Oberhaupt im Inneren braucht dazu folgende Fragen:

- Wer soll Vorrang haben?
- Wie können sich die Stimmen ergänzen?
- Wie will ich reagieren?

Nicht bei allen strittigen Fragen muss ein solch ausführlicher Prozess durchlaufen werden. Bei einigen Problemen dauert ein derartiger Klärungsprozess nur Sekunden. Und viele Fragen wurden bereits im Vorfeld abgearbeitet: In der Ausbildung, in Fortbildungen, bei der Konzeptentwicklung oder in Teamgesprächen haben Gruppenleiterinnen solche Debatten oftmals schon mitgemacht und sich dadurch ein ausgereiftes Urteil erarbeitet.

Was aber, wenn doch ein umfänglicher Klärungsprozess nötig wird? Der Schnellschuss aus der Hüfte kann zum unkalkulierbaren Querschläger werden.

---

34 Vgl. Schulz von Thun, F.; Ruppel, J.; Stratmann, R.: Miteinander reden: Kommunikationspsychologie für Führungskräfte, Hamburg 2004, S. 83.

Damit sei vor unüberlegten Beurteilungen und Anweisungen gewarnt. Am besten sei in solcher Zwickmühle auf eine Vertagung zu drängen: *„Darüber müssen wir zu einem späteren Zeitpunkt nochmals reden. So kann ich Ihren Ansichten nicht zustimmen."* Die Sorge, eine solche Reaktion könnte als Inkompetenz und Unentschlossenheit ausgelegt werden, ist unbegründet.

> Versuchen Sie, eine innere Konferenz zu folgendem Problem abzuhalten:
> Eine Mutter bringt zu bestimmten Zeiten ihr Kind nicht in den Kindergarten. Sie erklären ihr im Elterngespräch, dass ein regelmäßiger Besuch des Kindergartens für eine kontinuierliche Förderung sehr wichtig sei. Die Mutter meint dagegen: *„Ich bin Lehrerin. Wenn ich schulfrei habe, kann ich mein Kind zu Hause viel besser fördern als es im Kindergarten möglich wäre."*
> Welche Stimmen melden sich bei Ihnen? Wie ist das Resultat Ihrer inneren Konferenz?

Dreiteilige Ich-Botschaften

Die Klärung des eigenen Standpunktes ist eine wichtige Voraussetzung für das Gelingen eines Gespräches. Damit Kritikpunkte, unterschiedliche Meinungen und Ansprüche angenommen werden, ist eine einladende und vorwurfsfreie Formulierung erforderlich. Es verlangt Konzentration und Geschick, die eigene Position so zu formulieren, dass sich die Gesprächspartner nicht angegriffen fühlen.

Erschwerend kommt hinzu, dass in alltäglichen Gesprächen diese Rücksichtnahme auf die Empfindungen des anderen meist ignoriert wird. Die eigenen Anliegen, Wünsche und Erwartungen werden häufig so formuliert, dass sie als Vorwurf verstanden werden können. In Gesprächstrainings wird diese Tatsache ganz offensichtlich. Beim Formulieren von sogenannten Du-Botschaften sprudeln nur so die Einfälle. Hier einige Beispiele: *„Du kommst immer zu spät.", „Du trägst gar nichts zu einem erfolgreichen Elterngespräch bei.", „Sie haben wieder nicht erledigt, was wir im letzten Elterngespräch vereinbart hatten.", „Sie achten nie darauf, wie Ihr Kind bei uns ankommt."*.

Wie können derartige Vorwürfe freundlicher und einladender formuliert werden? Und wie muss sich die Gesprächsleiterin dabei einbringen, damit die Eltern bereit sind, den Inhalt aufzunehmen und zu verstehen?

Der erste Schritt: Beschreiben Sie das kritikwürdige Verhalten so genau, wie es nur möglich ist. Vage Formulierungen, Übertreibungen und überzogene Anschuldigungen erschweren ein Gespräch oder machen ihm gleich den Garaus. Also nicht *„Sie bringen Ihr Kind meistens zu spät in den Kindergarten"* sondern *„In dieser Woche haben Sie Ihr Kind bereits dreimal zu spät gebracht."*.

Die genaue Beschreibung festigt das Fundament für den weiteren Gesprächsverlauf. Denn eine ungenaue Beschreibung der Situation oder eine überzogene Kritik lässt gleich darüber einen Streit entflammen, wie im folgenden Beispiel: *„Sie bringen immer Ihr Kind zu spät in den Kindergarten." – „Stimmt gar nicht, erst gestern und vorgestern waren wir rechtzeitig vor Ort."* Die sehr genauen Angaben zur Situation erzeugen beim Gesprächspartner Vertrauen und Sicherheit. Es macht sich der Gedanke breit: *„Oh, die Gesprächsleiterin weiß ja haargenau Bescheid!"* Bei solcher Anerkennung ist schon viel gewonnen.

Die Vertrauensbasis kann noch zusätzlich gefestigt werden, indem die Gesprächsleiterin ihre eigenen Empfindungen und Erwartungen anspricht und die Folgen des kritisierten Verhaltens klarstellt.

Das bedeutet konkretisiert an folgenden Beispielen:

Die Gruppenleiterin sagt zur Praktikantin: *„Letzte Woche haben sie dreimal ihre Aufzeichnungen von Kinderbeobachtungen im Gruppenraum liegen lassen. Das ärgert mich, weil ich sie wegräumen muss, damit Vertraulichkeit gewährt ist."*
Die Leiterin einer Kindertageseinrichtung zum Träger: *„Ich habe die letzten Wochen schon fünfmal die Reparatur des Türschlosses angemahnt. Das macht mich wütend, weil eine Kollegin durchwegs damit beschäftigt ist, die Tür per Hand aufzuschließen."*

> **!** **Eine dreiteilige Ich-Botschaft setzt sich aus folgenden Elementen zusammen:**
> - das störende Verhalten möglichst genau beschreiben
> - Empfindungen und Emotionen ansprechen
> - die Folgen des kritisierten Verhaltens aufzeigen

Das Formulieren von Ich-Botschaften ist für die meisten ungewohnt. Besonders schwierig ist es aber, in einem hitzigen Gespräch Ich-Botschaften richtig zu treffen. Daher hier die Übung: Formulieren Sie aus den folgenden Du-Botschaften freundliche und einladende Ich-Botschaften!
- Erzieherin zur Mutter: *„Können Sie nicht dafür sorgen, dass Ihr Kind regelmäßig in den Kindergarten kommt?"*
- Erzieherin zur Kollegin: *„Kannst du nicht pünktlich sein? Deine Unzuverlässigkeit nervt mich."*
- Erzieherin zu einem Vater: *„Sie sind verpflichtet, Peter pünktlich abzuholen. Ich will schließlich auch mal Feierabend machen und nicht dauernd länger im Kindergarten bleiben."*
- Erzieherin zur Mutter: *„Sie müssen Marion unbedingt wärmere Sachen anziehen. Es ist kein Wunder, dass sie dauernd krank ist. Die anderen Kinder steckt sie dann womöglich auch noch an."*

3.4 Unterschiedliche Gesprächsformen verlangen verschiedene Vorgehensweisen

Wie bereits erläutert, können drei wesentliche Formen von Elterngesprächen unterschieden werden: Das Informationsgespräch, das Beratungsgespräch und das Konfliktgespräch (s. „Elterngespräch ist nicht gleich Elterngespräch", S. 7 ff.). Die Erwartungen, Fragen und Kritikpunkte sind sehr unterschiedlich in ihrer Tragweite und Komplexität. Dementsprechend sind auch die Methoden verschieden, die in den einzelnen Gesprächsformen angebracht sind.

3.4.1 Das Vorgehen bei Informationsgesprächen

Informationsgespräche haben die Aufgabe, Informationen mitzuteilen, auf organisatorische Vorgaben aufmerksam zu machen, Regeln zu erklären und Fragen zu beantworten. Der Informationsaustausch ist durch folgende Prozesse gekennzeichnet: Die Gesprächsleiterin berichtet über Projekte und Aktionen, sie erklärt das methodische Vorgehen und zeigt die damit verbunden pädagogischen Prinzipien und Ziele auf. Zusätzlich erzählt sie, wie die Kinder sich an den Projekten beteiligt haben und wie dabei neue und kreative Aktionen entstanden sind. Dadurch erhalten die Eltern genaue und konkrete Einblicke in das Geschehen und die gebotenen Fördermöglichkeiten im Kindergarten. Sie lernen das Verhalten ihres Kindes von einer anderen Seite kennen, denn sie werden darüber informiert, wie ihr Kind die Bildungsangebote aufnimmt und welche Kompetenzen und Stärken dabei zutage treten. Weiterhin können sie erkennen, wie ihr Kind mit anderen Kindern zusammenarbeitet und wie es sich in der Gruppe einbringt. Im Gegenzug ergänzen die Eltern die Schilderungen der Gesprächsleiterin. Sie berichten von Aktionen und Spielen, die sie mit dem Kind zu Hause durchführen. Dabei wird deutlich, wie sich das Kind mit den Eltern beschäftigt und wie sich die Kooperation zwischen Eltern und Kind gestaltet.

Welche Gefahren lauern typischerweise bei Informationsgesprächen?

„Ich habe ausführlich und eingehend den Eltern unsere Pädagogik erklärt. Ich bin total zufrieden, wie das Elterngespräch verlaufen ist." Solche Ansichten begegnen zuweilen dem Beobachter, wenn das Elterngespräch zu einem Vortrag oder zu einer Unterrichtsstunde entartet ist.

Eine weitere Gefahr besteht darin, dass sich Informationsgespräche zu einer Fragestunde oder gar zu einem Verhör oder einer Prüfung entwickeln. Ausfragen wird vielen Gesprächspartnern schnell zuwider und blockiert die Auseinandersetzung. Entscheidend für das Gelingen von Informationsgesprächen ist das aufmerksame Zuhören (s. hierzu auch „Zuhören", S. 60).

Die Einleitung bereitet die Eltern auf das Gespräch vor und stimmt auf den Informations- und Erfahrungsaustausch ein.

Im Hauptteil des Gespräches sollte die Gesprächsleiterin kurz ankündigen, worüber sie heute mit ihnen sprechen möchte. Danach wird den Eltern die Möglichkeit eröffnet, ihre Anliegen und Fragen vorzutragen.

Im Zentrum des Informationsgespräches sollte ein wechselseitiges Erzählen, Berichten und Erklären Platz finden.

> **PRAXIS TIPP!**
> Tragen Sie Ihre Beobachtungen und Erfahrungen als Gesprächsleiterin so vor, dass sich die Eltern jederzeit eingeladen fühlen, ihre eigenen Erfahrungen einzubringen.

Am Ende eines solchen Sprachspiels stehen eine Zusammenfassung und Folgerungen für die zukünftigen pädagogischen Fördermöglichkeiten. Der wohlgestaltete Schluss des Gespräches dient zur Abrundung und zur Bekräftigung der freundlichen Gesprächsatmosphäre.

3.4.2 Das Vorgehen bei pädagogischen Beratungsgesprächen

Während beim Informationsgespräch das Wissen sowie die Erfahrungen, Erkenntnisse und Meinungen im Vordergrund stehen, verlangt ein Beratungsgespräch die eingehende Bearbeitung einer Frage, eines Anliegens oder eines Problems. Hier wird großes Engagement erwartet, solche Gespräche verlangen Kreativität und durchdachte Strategien.

Aufforderungen zu einer Beratung können sowohl von den Eltern als auch von der Gesprächsleiterin vorgebracht werden. Der Wunsch nach Beratung zeugt von großem Interesse und von gesteigerten Erwartungen. Diese Ausgangsbedingungen legen meist eine unausgesprochene Dramaturgie zwischen Ratsuchenden und der Gesprächsleiterin fest: „Der Ratsuchende erwartet, dass die Helferin ihm sagt, wie er sein Problem lösen kann. Die Helferin erwartet, dass sie einen Rat erteilen kann und dass der Ratsuchende diesen Rat befolgt. Vielleicht erwartet sie auch im Stillen, dass er ihren Rat schätzen und ihr dafür dankbar sein wird. Das Drehbuch sieht ein Happy End vor: Der Ratsuchende löst sein Problem, er und die Helferin sind glücklich und zufrieden."[35]

B. Weidenmann warnt jedoch davor, dass ein solches Drehbuch häufig ohne Happy End ausgeht, die Beraterin in die „Helferfalle" stolpert und hängen bleibt.

---

35 Weidenmann, B.: Gesprächs- und Vortragstechnik. Für alle Trainer, Lehrer, Kursleiter und Dozenten, Weinheim Basel Berlin 2003/2, S. 84.

Beispielsweise kommt eine Mutter als Bittstellerin: *„Ich weiß mir nicht mehr zu helfen, meine Kinder bringe ich nicht vor Mitternacht ins Bett. Was soll ich nur tun?"* Die Gesprächsleiterin legt ihr nahe: *„Nach dem Abendessen darf es kein Fernsehen, keine Arbeiten, keine Besuche mehr geben! Mit Konsequenz und Hartnäckigkeit müssen Sie dafür sorgen, dass die Kinder in den Betten bleiben. Sie werden sehen, wie schnell Ihre Kinder das rechtzeitige Zubettgehen lernen."* Die Gesprächsleiterin – die rettende Hilfe!

Nach zwei Wochen sinniert die Gesprächsleiterin: *„Warum lässt sich die Mutter nicht mehr blicken? Warum berichtet sie nicht, wie erfolgreich der Vorschlag war?"* Als sie dann doch die Mutter trifft, erklärt diese auf Nachfrage: *„Ich hatte den Eindruck, bei uns zu Hause funktioniert dieser Vorschlag nicht."* Die Gesprächsleiterin ist enttäuscht und möchte von der Mutter Gründe wissen, warum die Anregungen nicht umgesetzt werden konnten.

Nach den Erkenntnissen der Transaktionsanalyse[36] zeigt sich in diesem Beispiel das Opfer-, Retter- und Verfolger-Spiel. Die Mutter kommt als Opfer zur Gesprächsleiterin. Diese erweist sich durch ihren praktischen Rat als Retterin. Anschließend erwartet sie Rückmeldung und Dankbarkeit und wird somit zur Verfolgerin.

Die folgende Formel ist für sozialpädagogische Fachkräfte geradezu eine Allerweltsweisheit: Ratschläge sind auch Schläge! Der Trick besteht darin, zu helfen, ohne einen Rat zu geben.[37] Veränderungen, Lösungen und neue Verhaltensweisen werden mit den Eltern zusammen ausgearbeitet, geprüft und vereinbart. Die Eltern arbeiten eigenständig neue Verhaltensmuster und Lösungen aus, die Gesprächsleiterin begleitet diesen Prozess. Dies verlangt, dass sie den Eltern klipp und klar das Vorhaben ankündigt und das Ansinnen auf Ratschläge zurückweist.

Ein solches Vorgehen stärkt die Erziehungskompetenzen der Eltern und macht sie nicht von den Hinweisen und Vorschriften von außen abhängig. Das im Folgenden beschriebene Vorgehen zeigt einen Weg für die Beratung von Eltern, ohne dass diese mit Ratschlägen überschüttet werden.

Am Anfang des Beratungsgespräches soll das Vertrauen, das die Eltern mit ihrer Bitte um Beratung der Gesprächsleiterin entgegenbringen, gewürdigt und gefestigt werden. Daher sollen die einleitenden Elemente des Beratungsgespräches Annahme und Entgegenkommen verstärken.

Nach der Überleitung zum Hauptteil des Gespräches wird sorgfältig der Rahmen der Beratung abgesteckt. Wenn sich die Gesprächsleiterin nicht heillos in

---

36 Vgl. Weidenmann, B.: Gesprächs- und Vortragstechniken. Für alle Trainer, Lehrer, Kursleiter und Dozenten, Weinheim Basel Berlin 2003/2, S. 85.
37 Ebd. S. 87.

den Fallstricken einer Beratung verfangen will, so muss gerade dieser Schritt mit Konzentration und Sorgfalt erfolgen.

Als Erstes steht an, Umfang und Dauer der Beratung zu begrenzen. In der Regel werden in einem Elterngespräch nur solche Anliegen behandelt, die in einem Treffen zu lösen sind. Die Gesprächsdauer sollte 90 Minuten nicht überschreiten. Noch entscheidender sind die inhaltlichen Begrenzungen und Ziele. Mit Entschiedenheit und Konsequenz muss die Gesprächsleiterin die Aufforderungen und Bitten nach schnellen Ratschlägen zurückweisen. Den Eltern kann beispielsweise erklärt werden: *„Zu Ihrem Problem kann ich nicht aus dem Stehgreif mehrere Lösungen anbieten, aber wir können zusammen Vorschläge erarbeiten, die weiterhelfen können."*

> **Verwenden Sie in einem Beratungsgespräch mit Eltern große Sorgfalt auf die Klärung der Rahmenbedingungen!**

> Legen Sie sich drei Formulierungen zurecht, die Ihrer Meinung nach den Rahmen eines Beratungsgespräches zutreffend abstecken.

Nach dieser Standortklärung muss das Problem von allen Seiten ausgeleuchtet werden. Die Gesprächsleiterin braucht möglichst genaue und aspektreiche Informationen von der gesamten Angelegenheit, den beteiligten Personen sowie von den zeitlichen und örtlichen Umständen. Denn je gründlicher es gelingt, das Problem mit all seinen Ursachen und Einflüssen durchschaubar zu machen, umso gezielter können Lösungen entwickelt werden. Die Gesprächsleiterin wird in dieser Gesprächsphase durch Fragen und aktives Zuhören die Angelegenheit durcharbeiten.

Nach solchen Vorarbeiten müssen Lösungen generiert werden. Zunächst sollen die bisherigen Lösungen betrachtet und auf ihre Tauglichkeit geprüft werden. Oftmals deuten die Eltern bereits bei der Schilderung der Erziehungsschwierigkeiten Lösungen an oder schilderten Erfahrungen mit verschiedenen Lösungsversuchen. Diese Ansätze können aufgegriffen und ausgebaut werden. Wurden mehrere Lösungen erarbeitet, dann folgt die Entscheidung für einen konkreten Weg. Ein vorläufiger Abschluss der Beratung ist somit erreicht.

3.4.3 Das Vorgehen bei Konfliktgesprächen

Nicht gerade erfreulich, wenn Vorwürfe, Einwände und Kritikbeiträge im Elterngespräch anstehen! Es deutet sich ein Konflikt an, der nach einer Lösung oder nach einer Einigung verlangt. Dessen ungeachtet bringt ein Konflikt immer ein mulmiges Gefühl mit sich, erzeugt Abwehr und Unbehagen.

Was ist ein Konflikt?

Der Ausdruck „Konflikt" leitet sich vom lateinischen Wort „confligere" ab, was so viel wie zusammenstoßen, streiten oder kämpfen bedeutet. In der Psychologie wird dann von einem Konflikt gesprochen, wenn sich gegensätzliche Handlungstendenzen bekämpfen. Demnach handelt es sich um ein Konfliktgespräch, sobald zwei Gesprächspartner unterschiedliche Erwartungen, Bedürfnisse und Ansprüche vorbringen und durchsetzen wollen[38] und wenn die Aussicht besteht, dass durch ein solches Gespräch die unterschiedlichen Erwartungen für beide Seiten zu einer akzeptablen Lösung geführt werden können.

Zusammenstöße, Auseinandersetzungen und Interessenskämpfe finden in unterschiedlichen Situationen und mit unterschiedlicher Wucht statt. Daher lassen sich auch verschiedene Konfliktfelder und Kämpfe zwischen den Menschen differenzieren. Es können Spannungen im Innern des Menschen aufkommen: Wie soll ich mich entscheiden? Welche Ansicht ist richtig? Im Abschnitt „Stellung nehmen" wurde dieses Problem bereits dargestellt (s. S. 65 ff.). Neben diesen innerpsychischen Konflikten gibt es Zusammenstöße, die durch unterschiedliche Meinungen und Erwartungen von Menschen untereinander entstehen: die sozialen Konflikte. Beispielsweise akzeptieren Eltern die Forderungen des pädagogischen Konzepts der Einrichtung nicht oder eine Mutter ist nicht damit einverstanden, wie ihr Sohn im Hort betreut wird. Meinungsverschiedenheiten, die diskutiert und gelöst werden müssen!

---

38 Vgl. Redlich, A.: Konfliktmoderation. Handlungsstrategien für alle, die mit Gruppen arbeiten, Hamburg 1997, S. 22.

Da ein Konfliktgespräch erst dann sinnvoll ist, wenn eine akzeptable Lösung für beide Seiten erwartet werden kann, muss die Gesprächsleiterin vor dem Gespräch die Härte der Konfrontation realistisch einschätzen. Beispielsweise genügt bei manchen Problemen oftmals schon ein Hinweis oder eine Erklärung. Ganz anders stellt sich die Situation dar, wenn mit derart starren Fronten gerechnet werden muss, dass keine Einigung zu erwarten ist. In einem solchen Fall sind Gesprächsbemühungen vergeblich. Es handelt sich um eine „soziale Katastrophe".

Es lassen sich folgende Abstufungen von Konfrontationen zwischen Menschen unterscheiden: Problem, Konflikt und Katastrophe.[39]

Ein Problem lässt sich oftmals im Vorbeigehen lösen: Es ist somit die kleine Ausgabe eines Konfliktes.

Konflikte entstehen beim Aufeinandertreffen von unterschiedlichen Meinungen, Erwartungen, Bedürfnissen und Interessen. Lösungen erfordern eingehende Beratung und planvolles Vorgehen.

Bei einer Katastrophe liegen die Forderungen und Ansichten weit auseinander, die Erwartungen und Interessen sind unvereinbar, der Wille zu einer Lösung ist nicht erkennbar, es gibt keine Aussicht auf eine sachliche und vernünftige Verständigung, geschweige denn auf eine Einigung. Es gibt derart ausweglose Situationen innerhalb des Kollegiums und bei der Kooperation mit Eltern. Ein solcher Fall verlangt nach einem Schlussstrich!

> Investieren Sie nicht allzu große Anstrengungen in eine Konfrontation, von der Sie überzeugt sind, dass sie als Katastrophe einzustufen ist!

Der Konflikt: Ein Jungbrunnen sozialer Kompetenzen?

Konflikte sind die normalste Sache der Welt. Denn glücklicherweise ist jeder Mensch anders. Zwangsläufig müssen die Unterschiede ausgeglichen und Erwartungen ausgehandelt werden. Daher haben Konflikte, wenn sie konstruktiv angegangen werden, ein unerschöpfliches Potenzial an Energie und Kreativität.

- Konflikte sind ein Fingerzeig dafür, dass sich Verengungen eingeschlichen haben, dass wichtige Gesichtspunkte übersehen wurden. Konflikte sprengen diese Verengungen auf.

---

39 Vgl. Burchat-Harms, R.: Konfliktmanagement. Wie Kindergärten TOP werden, Neuwied 2001, S. 23–32.

- Konflikte erhöhen die Motivation und bereiten die Energien auf, um neue Dinge anpacken zu können und Innovationen voranzutreiben.
- Konflikte machen Spannungen bewusst und sind Signale für unterschiedliche Erwartungen, somit tragen sie zu ständigen Neuerungen und Verbesserungen bei.
- Konflikte eröffnen Chancen, sich selbst und die Mitmenschen besser kennenzulernen.
- Konflikte lassen eine Gruppe zusammenwachsen und erzeugen ein Wir-Gefühl.

Wenn in Eltern- oder in Teamgesprächen Konflikten ausgewichen wird, so gehen viele Lernchancen zum Erwerb sozialer Kompetenzen verloren. Die Fähigkeit, sich selbst kennenzulernen sowie seine Mitmenschen und ihr Verhalten einzuschätzen, entwickelt sich nicht weiter.

Lösungswege für Konfliktgespräche

Auseinandersetzungen über unterschiedliche Ansichten, Interessen und Erwartungen ergeben sich bei einer Vielzahl von Themen. Bei Konfliktgesprächen steht wieder die Verständnisorientierung im Mittelpunkt (s. dazu „Das verständnisorientierte Elterngespräch", S. 51 ff.). Veröffentlichungen zum Konfliktmanagement sprechen meist von einer Win-Win-Lösung: Die Bearbeitung und Lösung der Konflikte soll so erfolgen, dass beide Gesprächspartner die Auseinandersetzung als Gewinner erleben können.

Vereinbarungen auf dieser Basis vereinigen daher Vorzüge aus beiden Standpunkten und erhöhen zugleich die Bereitschaft zu Kompromissen.

> **Beide Konfliktpartner sollen die Auseinandersetzung als Gewinn erleben können.**

Ein solches Ideal bei der Lösung von Konflikten kann leider nicht immer verwirklicht werden, denn nicht jedes Anliegen ist durch Verhandlungen lösbar. Daher sind auch für Elterngespräche weitere Wege der Konfliktbehandlung in Erwägung zu ziehen: Die Lösung durch Macht und die Lösung durch Regeln.

Arten der Konfliktlösung

- Macht
- Regeln/Recht
- Vermittlung/Verhandlung

Bei der Lösung durch Macht erfolgt die Entscheidung durch ein Machtwort, durch Kompetenz und Autorität. Dazu ein Beispiel: Eine Mutter versucht sich immer wieder in die Pädagogik des Kindergartens einzumischen. Eines Tages verlangt sie von der Gruppenleiterin: *„Machen Sie doch gleich zu Beginn des Kindergartens ein Lernangebot, denn ich als Lehrerin weiß, dass die Kinder morgens am allermeisten lernen. Es ist nicht zu verantworten, wenn Sie diese Chance nicht nutzen."* Die Gruppenleiterin entgegnet: *„Aufgrund meiner Erfahrungen weiß ich, dass die Kinder zum Beginn des Kindergartentages Zeit brauchen, um richtig anzukommen. Daher beginnt bei uns der Kindergartentag mit einer freien Spielzeit."* Die Mutter übt weiterhin beharrlich Druck aus. Darauf die Gruppenleiterin: *„Ich bin die Leiterin der Kindergruppe und bestimme den Tagesablauf in der Gruppe nach meiner Planung und nach meinen Überlegungen."*

Der zweite Weg, bei dem es nichts zu verhandeln gibt, ist die Lösung aufgrund von Regeln oder rechtlichen Vorgaben. Dazu folgendes Beispiel: Ein Vater weigert sich, beim Anmeldegespräch seines Kindes die Anmeldeformulare auszufüllen. Daraufhin erfolgt der Hinweis der Gesprächsleiterin: *„Es ist eine rechtliche Vorschrift, dass wir nur Kinder aufnehmen dürfen, von denen wir die soziographischen Daten aufgenommen haben."*

Unterschiedliche Ansichten über Erziehung und Betreuung von Kindern können in der Regel durch Verhandlungen und Diskussionen angegangen werden. Daher wird in erster Linie im Elterngespräch ein Konzept der Verhandlung und Vermittlung zum Einsatz kommen. Dieses Vorgehen bietet die besten Chancen, dass alle Wünsche und Interessen gebührend beachtet werden und dadurch eine Lösung gefunden wird, die möglichst viele Erwartungen der Gesprächspartner berücksichtigt. Solche Konfliktgespräche stellen die Gesprächspartner zufrieden und tragen zur Bereicherung der Arbeit bei.

> **Praxis-Tipp!** Bemühen Sie sich nicht zu verhandeln, wenn ein Machtwort angebracht ist oder Ihr Standpunkt auf rechtliche Vorschriften beruht!

Ein Stufenplan zur verständnisorientierten Konfliktlösung

Die angekündigten Chancen brauchen umsichtige Pflege! So erfordert eine Diskussion unterschiedlicher Meinungen, Erwartungen und Interessen ein planvolles Vorgehen, bei dem zunächst die Differenzen und Erwartungen herausgearbeitet werden. Das Konzept lässt sich in zwei Arbeitsfelder aufteilen: die Beschreibung des Konflikts und die Lösung des Konflikts.

Im ersten Teil wird nach dem Muster der Ich-Botschaft (s. auch „Dreiteilige Ich-Botschaften", S. 70 ff.) der Konflikt durchgearbeitet. Die Gesprächsleiterin beschreibt möglichst detailliert die Konfliktsituation. Sie teilt ihre Gefühle mit und zeigt auf, welche Auswirkungen das kritikwürdige Verhalten hervorruft. Wenn der Konflikt mit seinen verschiedenen Aspekten beschrieben ist sowie Motive, Einstellungen und Einflüsse herausgearbeitet wurden, können Lösungen erarbeitet werden.

Der zweite Teil beginnt mit der Sammlung von Vorschlägen. Dabei darf der kreative Prozess durch keine Anmerkungen behindert oder eingeschränkt werden. Sind sich die Gesprächsteilnehmer einig, dass alle Lösungsmöglichkeiten genannt wurden, dann erfolgen die Überprüfung und die Auswahl. Jeder Vorschlag wird von den Gesprächsteilnehmern dahingehend beurteilt, ob er brauchbar und umsetzbar ist. Am Ende dieser Beratungsphase sollte sich auf einen Lösungsvorschlag geeinigt werden. Dann wird der Lösungsweg befestigt. Es müssen Entscheidungen getroffen werden: Wer soll welche Leistung erbringen, in welchem Zeitraum werden die Aufträge umgesetzt und wie wird die Umsetzung überprüft? Wenn zu all diesen Fragen Beschlüsse erreicht wurden, dann zeigt sich eine Konfliktlösung mit den besten Chancen für eine Verbesserung und Bereicherung der bisherigen Arbeit!

Methodische Schritte für verständnisorientierte Konfliktlösung

1. Beschreiben des Konflikts als Ich-Botschaft
   - Konfliktsituation konkret beschreiben
   - Eigene Gefühle/Gedanken äußern
   - Auswirkungen des Konfliktverhaltens beschreiben

2. Zu Lösungen führen mithilfe von aktivem Zuhören, Fragenstellen und Ich-Botschaften:
   - Gemeinsam Lösungsmöglichkeiten entwickeln
   - Sich auf eine gemeinsame Lösung einigen
   - Vereinbarungen zur Umsetzung der Lösung festlegen

3.5 Typische Stolpersteine in Elterngesprächen

Trotz gründlicher Sachkenntnisse, trotz toller Motivationsformeln und trotz positiver Einstellung auf das Elterngespräch können unerwartete Schwierigkeiten auftauchen.

„Wird schon alles schief gehen!" – diese Einstellung ist denkbar ungeeignet, um ein Elterngespräch über Untiefen hinwegzuretten. Probleme, Spannungen oder Missverständnisse werden sich in jedem Elterngespräch breitmachen. Manchmal sind sie gleich wieder verschwunden, ein andermal wollen sie unter keinen Umständen das Feld räumen.

Die folgenden Gesprächssituationen geben einen kleinen Einblick in die Formenvielfalt von Schlaglöchern, Stolpersteinen und Missgeschicken, die Gespräche befallen können.

Wenn die Eltern nonverbales Desinteresse zeigen

Die Gesprächsleiterin ist irritiert, wenn die Eltern deutlich zeigen, dass sie nicht mehr zuhören. Ein Herumblicken im Raum, der wiederholte Blick auf die Uhr oder ein Abwenden von der Gesprächsleiterin sind eindeutige Zeichen dafür, dass das Interesse am Gespräch verloren gegangen oder etwas nicht mehr in Ordnung ist. Wie soll die Gesprächsleiterin handeln, um das Gespräch zu retten? Ist es sinnvoll, einfach weiterzumachen? Wie kann trotz allem ein eleganter Abschluss gefunden werden?

Dauerte das Gespräch schon länger als 30 Minuten, so könnte es dem Gesprächspartner schon reichen. Die Gesprächsleiterin sollte dann möglichst umgehend zum Schluss kommen.

> **Praxistipp:** Strecken Sie nicht konfus der Mutter oder dem Vater die Hand zur Verabschiedung entgegen, wenn Sie Verhaltensweisen von Desinteresse beobachtet haben. Machen Sie noch eine Zusammenfassung in zwei, drei Sätzen. Heben Sie hervor, wie eingehend die Besprechung war, und fragen Sie den Gesprächspartner, ob Sie das Gespräch abschließen dürfen, wenn von seiner Seite kein Anliegen mehr ansteht. Dann erfolgt eine freundliche Verabschiedung.

3. Die Durchführung von Elterngesprächen

Werden jedoch deutliche Signale von Desinteresse bereits am Beginn des Gespräches beobachtet, so könnte sich der Gesprächspartner zu wenig einbezogen fühlen. Dies kann verschiedene Ursachen haben: Zum Beispiel redet die Gesprächsleiterin zu viel und der Gesprächspartner gewinnt die Überzeugung, er sei nicht gefragt. Dann sollte die Gesprächsleiterin versuchen, das Interesse des Gesprächspartners wieder wachzurufen, indem sie mit Fragen auf ihn eingeht und konzentriert zuhört.

Kommt der Vater oder die Mutter mit erdrückenden Sorgen zum Elterngespräch, wenn beispielsweise ein Kind oder der Ehepartner schwer erkrankt ist oder ein naher Angehöriger gestorben ist, so ist eine Konzentration auf das Gespräch meistens unmöglich. In einem solchen Fall ist eine Vertagung des Elterngespräches nötig.

> Schicken Sie den von Sorgen geplagten Gesprächspartner nicht sofort wieder hinaus. Geben Sie ihm Zeit, seine Sorgen loszuwerden. Wer seine Schwierigkeiten erzählen kann, ist oft schon etwas erleichtert. Gehen Sie aber nicht dazu über, den Vater oder die Mutter zu bemitleiden und mit allgemeinen Floskeln zu trösten. Vermeiden Sie auch gut gemeinte Ratschläge! Aufmerksames und verständnisvolles Zuhören ist der Situation eher angemessen.

Beobachtungen in Elterngesprächen haben gezeigt, dass mancher Gesprächsleiterin jedes Anzeichen von Desinteresse entgeht. Vertieft in die Unterlagen, zieht sie alle Punkte durch, auch wenn der Gesprächspartner mit seinen Gedanken schon am sonnigen Strand meditiert. Teambesprechungen sind ein hervorragendes Trainingsfeld, um die Aufmerksamkeit und Beobachtungsgabe gegenüber Zuhörern zu schulen. Wer eine Teamsitzung leitet, sollte darauf achten, ob sich Anzeichen von Desinteresse breitmachen, und seine Beobachtungen ansprechen! Manchmal ist eine kurze Pause eine Stimulation für frisches Interesse. Auch ein Wechsel der Methode erweckt die Lebensgeister wieder. Beispielsweise eine Frage, die Reihum alle beantworten, oder eine Demonstration, die alle nachmachen sollen. Solche Experimente und Versuche sind nützliche Vorübungen für professionell geführte Elterngespräche. Denn auch dort bieten sich viele Chancen, um wieder frischen Wind ins Gespräch zu bringen. So können beispielsweise den Eltern Fotos vorgelegt werden, die zeigen, wie sich ihr Kind gerade intensiv mit einer Aufgabe beschäftigt, oder es wird ihnen ein Werkstück präsentiert, das das Kind mit großer Sorgfalt angefertigt hat. Ebenso kann ein humorvolles Ereignis während eines Projekts oder eine witzige Äußerung des Kindes erzählt werden – dies alles sind Möglichkeiten zur Weckung der Lebensgeister!

Wenn die Eltern zu viel erzählen

In Trainings zur Gesprächsführung werden immer wieder Klagen darüber laut, dass Eltern aufgrund des Vertrauens und der positiven Beziehung zu viel aus ihrem Privatleben erzählen.

„Oh Gott, was habe ich Ihnen alles erzählt! Es tut mir schrecklich leid, dass ich Sie mit meinen Problemen so sehr belastet habe. Ich weiß nicht, warum ich heute so redselig war. Am liebsten möchte ich das Gespräch ungeschehen machen ..."
So habe eine Mutter ängstlich nach einem Gespräch ihre Befürchtungen ausgesprochen. Ist eine derartige Situation nicht für beide Seiten peinlich? Und wäre es manchmal besser, wenn Eltern nicht so bedenkenlos ihre Sorgen auspacken würden? Vor allem, wenn es um sehr persönliche Angelegenheiten geht?

Befürchtungen sind in einer solchen Situation unangebracht. Sehen Sie die Angelegenheit positiv! Ganz offensichtlich ist es gelungen, gute Beziehungen aufzubauen und eine Aufgeschlossenheit im Gespräch zu erzeugen. Diese Offenheit der Eltern ist ein Vertrauensbeweis gegenüber der Gesprächsleiterin und somit eine Anerkennung Ihrer Person und Ihrer Kompetenzen.

Meistens bedeutet es für Eltern eine Entlastung und Erleichterung, wenn sie ihre Sorgen und Befürchtungen loswerden können. Daher ist ein solches Gespräch auch dann hilfreich, wenn die Probleme und Anliegen ein Elterngespräch überfordern und nicht zu einer Lösung geführt werden können. Die Befürchtungen der Eltern werden gemildert und vielleicht zerstreut, wenn die Gesprächsleiterin ausdrücklich darauf verweist, dass Elterngespräche selbstverständlich vertraulichen Charakter besitzen: *„Sie können ganz sicher sein: Was hier gesagt wurde, bleibt unter uns. Nichts und auch gar nichts von dem Gesagten verlässt diesen Raum ..."*

Ohne Frage muss sich die Gesprächsleiterin an dieses Versprechen halten. Auch vorsichtige Andeutungen über „Krisen in der Familie X" gegenüber einer Kollegin müssen unterbleiben.

Wenn kein Ende in Sicht ist

Die Gesprächsleiterin hat sich bereits mehrere Storys angehört, die nichts mit dem Kindergarten, geschweige denn mit Kindererziehung zu tun hatten. Jeder Versuch, dem Redeschwall ein Ende zu setzen, schlug fehl. Was ist zu tun?

Übungen in Gesprächstrainings zeigen: Pädagogische Fachkräfte umschreiben gerne, deuten ihre Wünsche nur an, drücken sich vorsichtig und verhalten aus. *Power Talking* ist ihnen fremd. Wenn Leute sich so richtig an ihren Erzählungen ergötzen können, muss deutlich gesagt werden: *„Solche Geschichten haben im Elterngespräch keinen Platz. Ich schlage vor, wir beenden jetzt das Elterngespräch."*

> Bei hartnäckigen Vielrednern, die auch nach Ihrem Hinweis auf das Ende ohne Punkt und Komma weiterreden, wirkt oft ein „handgreifliches" Handeln: Fassen Sie den Gesprächspartner leicht am Arm, wenn Sie auf das Ende hinweisen. Er wird vielleicht etwas erschrecken, dabei seinen Redefluss stoppen und der Aufforderung folgen.

> Üben Sie im Teamgespräch die direkte und eindeutige Rede. Versuchen Sie, alle Weichmacher bei einer Diskussion zu verbannen, wie zum Beispiel „eigentlich", „vermutlich", „man sollte" oder „man könnte". Zeigen Sie Flagge, indem Sie sagen: „Ich möchte ...", „Ich weiß ...", „Ganz sicher ..."!

Wenn das Gespräch in der Sackgasse steckt

Elterngespräche können manchmal so feststecken, dass in dem Moment ein Weiterkommen kaum möglich erscheint. Beispielsweise bringt eine Mutter mehrmals ihre Befürchtung vor, dass sie auf ihre Tochter kaum noch Einfluss hat: *„Sie wird mir bald auf der Nase herumtanzen und ich kann froh sein, wenn ich sie bedienen darf."*
Die Gesprächsleiterin zeigt auf, wie wichtig Konsequenz in der Erziehung ist, und verdeutlicht es an konkreten Situationen. Nach mehrmaligem Durchspielen des gleichen Problems gewinnt sie den Eindruck, das Gespräch führt nicht weiter. Wie kommt man aus einem solchen Kreisel wieder heraus?

In manchen Gesprächen erreichen kleine Veränderungen einiges. Zum Beispiel eine kurze Auszeit: *„Darf ich Ihnen etwas zum Trinken anbieten?"*, *„Soll ich etwas die Fenster öffnen? Die Luft ist hier schon zum Schneiden!"*, *„Darf ich kurz einige Unterlagen holen?"*. Nach einer kurzen Pause schlagen Gespräche oftmals neue und produktivere Wege ein.

Wenn ein Gesprächspartner unentwegt das gleiche Problem anschneidet, so kann dies auch als sicheres Zeichen gelten, dass diese Angelegenheit äußerst wichtig und hoch aktuell ist. Vertiefende Fragen können helfen, die Hintergründe herauszuarbeiten. Dabei werden meist Enttäuschungen, Wünsche, und Ängste aufgedeckt.

Wenn die Eltern nicht gut Deutsch sprechen

Bei Eltern mit Migrationshintergrund ist das vorrangige Gesprächsziel, Vertrauen aufzubauen. Viele Einzelheiten in der Einrichtung können dazu beitragen, dass sich Eltern, die wenig oder kein Deutsch sprechen, angenommen fühlen: beispielsweise wenn ein Plakat mit einer Grußformel in verschiedenen Sprachen angebracht wird oder wenn ein bebilderter Projektbericht Kinder aus verschiedenen Ländern zeigt. Das Zutrauen wächst auch, wenn solche Eltern ganz bewusst beim Bringen und Abholen des Kindes begrüßt werden. Oft genügen schon ein freundlicher Blick und eine Geste der Aufmerksamkeit. Einige Fachleute empfehlen, wenigstens dreißig bis fünfzig Wörter von der Muttersprache der Eltern zu lernen. So ist man in der Lage, sie in ihrer Sprache zu begrüßen und zu verabschieden.[40]

---

[40] Folgende Veröffentlichung legt eine Liste von Ausdrücken in den Sprachen Deutsch, Polnisch, Russisch und Türkisch vor. Weiterhin werden mehrsprachige Elternbriefe und Karten für verschiedene Mitteilungen vorgelegt. Dannhorn, S.: Wenn Eltern und Kinder kein Deutsch verstehen … Mülheim an der Ruhr 2007.

Die genannten Verhaltensweisen reichen natürlich nicht aus, wenn ein längeres Gespräch geführt werden soll. Dies ist bereits beim Anmeldegespräch der Fall. Sprechen und verstehen die Eltern kein Deutsch, so muss jemand zum Dolmetschen gewonnen werden. Schon im Vorfeld sollte geklärt werden, ob eine Kollegin, ein älteres Geschwisterkind, ein Lehrer oder entsprechende Fachleute (z. B. aus Integrationseinrichtungen) zur Verfügung stehen. Broschüren über den Kindergarten, die von den Ministerien bereitgestellt werden, bieten zusätzliche Hilfen.

Neben der Unterstützung von Übersetzern sind Materialien und Gegenstände, die von den Kindern angefertigt wurden, eine Hilfe und Bereicherung für solche Gespräche. Dabei ist zu beachten, dass Eltern aus anderen Ländern oft auch völlig andere Vorstellungen und Erwartungen von pädagogischen Einrichtungen haben. Elterngespräche in Kindertageseinrichtungen dienen in erster Linie zum gegenseitigen Kennenlernen und somit zum besseren Verstehen der Verhaltensweisen der Kinder. Gegenüber solchen Zielen sind in der Regel alle Eltern aufgeschlossen.

Wenn ich Partei ergreifen soll

„Können Sie meiner Frau beibringen, dass sie unseren Sohn strenger anfassen muss? Ich habe es ihr oft gesagt: Der braucht eine starke Führung. Aber meine Anordnungen bringen nichts. Wenn Sie das sagen, dann macht das auf meine Frau Eindruck." So fordert beispielsweise ein Vater die Horterzieherin seines Sohnes auf, seiner Frau Erziehungsprinzipien beizubringen.

Wenn Erziehungsschwierigkeiten und/oder Partnerprobleme im Elterngespräch diskutiert werden, so versuchen oftmals Väter bzw. Mütter offen oder versteckt in der Gesprächsleiterin eine Mitstreiterin zu finden. Allein die Bestätigung, dass man die Situation verstehen kann, wird häufig als Zustimmung und als Parteinahme ausgelegt.

Die Gesprächsleiterin kann nicht umsichtig genug sein, wenn sie merkt, dass sie auf eine Seite gezogen wird. Hier ist es wichtig, Neutralität zu signalisieren.

> Zunächst helfen Fragen weiter, um die Situation zu klären. Dann ist eine klare Grenzmarkierung angebracht: Sprechen Sie deutlich an, dass Sie den Eindruck haben, als Handlanger missbraucht zu werden. Erklären Sie, dass es nicht in Ihrer Macht steht, in dieser Lage Unterstützung zu geben, und dass Sie auch nicht einseitig Partei ergreifen wollen. Sprechen Sie Ihre Beobachtung an, dass hier Partnerprobleme im Spiel seien.

Wenn ich persönlich angegriffen werde

"Sie nennen sich pädagogische Fachkraft? Eine echte Niete sind Sie! Sie können nicht einmal die Kinder zusammenhalten ..."

"So eine ruhige Kugel möchte ich auch mal schieben bei der Arbeit. Sie sitzen gemütlich beim Kaffee und lassen die Kinder im Garten herumrennen und den Herrgott einen guten Mann sein ..."

Wie soll die Gesprächsleiterin reagieren, wenn sie von den Eltern derart beschimpft wird? Die Gesprächstrainerin Barbara Berckhan hat eine Selbstverteidigung mit Worten entwickelt.[41] Dieses Programm hilft, derartige Angriffe zu überstehen.

Erste Reaktionen auf solche Angriffe sind:

- tief durchatmen
- den Abstand zum Gesprächspartner vergrößern
- versuchen, total gelassen zu wirken
- nicht sofort reagieren, sondern sich bewusst Zeit lassen
- nur die allernötigsten Anstrengungen auf eine Antwort investieren

Nach dem Aufbau eines solchen Schutzschildes reagiert die attakierte Gesprächspartnerin wohlüberlegt und souverän. Beispielsweise könnten Sie den Ton der Kritik zurückweisen: *"In einem solchen Ton lasse ich nicht mir reden ..."*

> Sie können versuchen, durch eine Frage eine Erklärung herbeizuführen: *"Was meinen Sie damit, wenn Sie behaupten ‚eine ruhige Kugel schieben'?"*, *"Wie sollte Ihrer Meinung nach ‚die Kinder zusammenhalten' erfolgen?"* Durch die Frage wird der Angreifer in die Defensive gedrängt und versucht dann oft, seinen Vorwurf abzuschwächen.
>
> Eine sehr geschickte Reaktion ist, wenn Sie sich für die Kritik bedanken und den Vorwurf in eine positive Aussage ummünzen: *"Danke für Ihre kritische Beobachtung. Sie müssen wissen, dass die Kinder Selbstständigkeit lernen, wenn sie alleine und ungestört im Garten herumrennen dürfen. Und zugleich bietet dies für uns eine vorzügliche Möglichkeit, das Verhalten der Kinder zu beobachten."*
>
> Das „Dankeschön" darf nicht künstlich und übertrieben wirken – und vor allem muss es zu Ihnen passen. Kein mit knirschenden Zähnen hervorgebrachtes, vermeintlich freundliches Danke!

---

41 Vgl. Berckhan, B.: Die etwas intelligentere Art, sich gegen dumme Sprüche zu wehren. Selbstverteidigung mit Worten, München 2001.

Es gibt noch viele Möglichkeiten, wie eine Gesprächsleiterin auf unverschämte Angriffe reagieren kann. Immer ist dabei folgender Grundsatz wichtig: Vorwürfe und Beleidigungen verschlagen der Gesprächsleiterin nicht so leicht die Stimme, wenn sie diese nicht persönlich nimmt. Denn zügellose Äußerungen können auch als Zeichen von hoher Motivation und starker emotionaler Engagiertheit für Fragen der Erziehung und Förderung der Kinder gesehen werden. Bei solcher Wendung können derartige Giftpfeile zur heilsamen Stimulierung für Neuerungen werden.[42]

Wenn ich ausgenutzt werde

Beispiel: Eine Erzieherin erinnert eine alleinerziehende Mutter an die Vereinbarung, dass sie mit ihrer Tochter zum Augenarzt gehen sollte. Daraufhin jammert Ihnen die Mutter vor, für sie sei es fast unmöglich, ohne Auto zum Augenarzt zu kommen. Dann kommt die Bitte: *„Sie haben doch ein Auto. Sie könnten uns doch leicht dorthin bringen!"*

Manche Eltern gehen sogar noch weiter und fragen nach, ob sie das Auto der Erzieherin für ein Wochenende ausleihen dürfen. Was ist zu tun? In diesem Fall darf es kein Flunkern geben, denn allen ist bekannt, dass dienstliche und private Angelegenheiten scharf zu trennen sind. Bei allzu zögerlichen Ablehnungen schleichen sich schnell Missverständnisse ein. Die Erzieherin muss deshalb deutlich und mit voller Überzeugung „Nein" sagen. Kein „Vielleicht" oder „Mal sehen" darf nur ansatzweise erkennbar sein!

Wenn ich persönliche Aversionen gegen die Eltern habe

„Wenn ich nur den Namen dieser Mutter höre, dann stellen sich bei mir die Nackenhaare auf."
„Mir war gleich beim ersten Augenblick klar, diese Mutter kann mich nicht leiden."

Solche und ähnliche Klagen werden in jeder Fortbildung zum Schwerpunkt „Elterngespräche" angestimmt. Erzieherinnen, die schon langjährige Erfahrungen vorweisen können, haben meist auch schnelle und scheinbar leicht zu praktizierende Antworten parat: das Gespräch ganz sachlich und kurz halten, die Antipathie übergehen und sich möglichst korrekt verhalten – und bei absolut unausstehlichen Eltern das Gespräch von der Kollegin oder der Leiterin führen lassen.

---

[42] In folgenden Veröffentlichungen finden Sie viele praktische Anregungen zur schlagfertigen Reaktion in Gesprächen: Nöllke, M.: Schlagfertigkeit, Planegg 2005. Zittlau, D.: Schlagfertig kontern in jeder Situation, München 1998; Pöhm, M.: Nicht auf den Mund gefallen, München 2004; Ryborz, H.: Geschickt kontern. Nie mehr sprachlos, Regensburg Düsseldorf 2004.

Tatsächlich hilft es kaum weiter, die Beziehungs- und Sachebene im Gespräch zu trennen. Denn es sind gerade die Gefühle, die im Untergrund das Gespräch einfärben und steuern. Werden die Gefühle unterdrückt, so werden sie erst recht angeheizt und treiben unkontrolliert ihr Unwesen. Daher die allererste Maßnahme: Gefühle zulassen und ehrlich benennen! Dadurch werden sie bewusst an den Zügel genommen.

Eine weitere Tatsache ist beim Umgang mit abweisenden Emotionen zu beachten: Gefühle sind flüchtige Gesellen. Daher fordern die Spezialisten des Harvard-Konzepts (eines Ansatzes für das Gelingen von Verhandlungen), die eigenen Gefühle zu diskutieren, mit ihnen zu verhandeln und sie kritisch zu befragen.[43] Oftmals sind Ausgangspunkte für abweisende Empfindungen schnelle und oberflächliche Beobachtungen und Eindrücke. Sie sind der Nährboden für Verdächtigungen und falsche Vorstellungen.

„Die Frau redet so von oben herab. Sie hält wahrscheinlich gar nichts von unserer Arbeit"
„Der Vater redet furchtbar laut. Der ist richtig selbstherrlich und autoritär …"

In Gesprächen bei Fortbildungen berichten dann immer wieder Erzieherinnen, dass sie, nachdem sie die Mutter oder den Vater näher kennengelernt haben, auch eine ganz positive Beziehung entwickelt haben. *„Gerade die Mutter, die mir immer so überheblich begegnete, hat mir bei den Vorbereitungen zur Weihnachtsfeier am meisten geholfen. Daraufhin wurde die Beziehung zu ihr richtig freundschaftlich."* So die Erfahrung einer Erzieherin.

Oft ist es nur eine Verhaltensweise, die uns am anderen stört, und die dadurch erzeugte Ablehnung verschleiert die sympathischen Charakterzüge. Daher kann es hilfreich sein, sich positive Eindrücke von denjenigen Eltern bewusst zu machen, denen man ablehnend gegenübersteht.

> **Praxis Tipp!** Reden Sie mit Kolleginnen über Ihre Aversion gegenüber manchen Eltern. Meist werden in solchen Gesprächen ganz neue Aspekte aufgezeigt, die Ihnen helfen können, Ihr Vorurteil zu überdenken.

Zum Beruf einer Erzieherin gehört eine professionelle Selbstkontrolle.[44] Sie verlangt, auch mit den Eltern, die nicht mit ihr auf gleicher Wellenlänge liegen, freundlich und höflich zu kommunizieren und sich im Umgang mit ihnen nicht von Vorurteilen und Antipathien leiten zu lassen. Professionelle Gesprächslei-

---

43 Vgl. Stone, D.; Patton, B.; Heen, S.: Offen gesagt! Erfolgreich schwierige Gespräche meistern, München 2000, S. 145–148.
44 Huth, A.: Gesprächskultur mit Eltern, Weinheim Basel 2006, S. 57.

terinnen nutzen das sozialpsychologische Gesetz der Akkommodation: Wer bewusst dem Gesprächspartner Annahme und Wertschätzung entgegenbringt, der wird bei ihm Sympathie, Vertrauen und Zuneigung anbahnen und somit ganz bewusst den Teufelskreis der negativen Eindrucksbildung durchbrechen.

Wenn die Eltern Probleme ihres Kindes nicht wahrhaben wollen

Eine Übung aus unserer Fortbildung zum Schwerpunkt „Elterngespräche" besteht darin, dass problematische Situationen vorgelesen werden und die Teilnehmer entscheiden sollen, ob sie darin Schwierigkeiten erkennen können. Es ist überraschend zu sehen, wie unterschiedlich die Urteile ausfallen. Manchen Fall, der für die meisten als gravierend eingeschätzt wird, sehen einige Teilnehmer als belanglos an.

Normalerweise muss man auch in der Einschätzung des problematischen Verhaltens eines Kindes zwischen den Eltern und den Erzieherinnen mit unterschiedlichen Urteilen rechnen. Die Unterschiede haben zum Teil darin ihre Ursache, dass sich manche Kinder zu Hause und im Kindergarten anders verhalten.

Und eines müssen sich Erzieherinnen unbedingt vor Augen halten, wenn sie Probleme eines Kindes ansprechen: Das Problem liegt zunächst bei ihnen. Der Psychologe Thomas Gordon kommt zu der Erkenntnis, dass, wenn in einem Gespräch ein Problem gelöst werden soll, zunächst kritisch und gründlich gefragt werden muss: *Wer* hat das Problem? Erst auf dieser Grundlage ist es möglich, einen Lösungsweg zu finden. [45]

Handelt es sich beim Gespräch über problematisches Verhalten von Kindern um pädagogische Schwierigkeiten in der Einrichtung, so soll möglichst versucht werden, dies vor Ort in der Gruppe zu regeln.

Wenn die Eltern jedoch schwerwiegende körperliche oder seelische Verhaltensauffälligkeiten ihres Kindes auch bei eingehender Darstellung nicht wahrhaben wollen, so muss die Gesprächsleiterin die Angelegenheit im Gesprächsprotokoll festhalten und von den Eltern unterschreiben lassen. Ebenso wird sie selbst das Protokoll unterschreiben.

Eltern haben in der Erziehung und Betreuung ihrer Kinder immer die letzte Verantwortung. Diskussionen in Fortbildungen zeigen, dass solche Situationen für Erzieherinnen bedrückend und schmerzlich sein können. Daher bemühen sich Erzieherinnen oftmals in Tür- und Angelgesprächen und in Telefonaten,

---

[45] Vgl. Gordon, T.: Familienkonferenz. Die Lösung von Konflikten zwischen Eltern und Kind, München 2000/30.

die Eltern zur Einsicht zu bewegen. Letztendlich können Eltern aber nicht gezwungen werden, beispielsweise von einem Arzt das Sehvermögen ihres Kindes testen zu lassen oder in einer Erziehungsberatung vorzusprechen.

Wenn ich andere pädagogische Ansichten habe als die Eltern

Die Erziehung in Kindertageseinrichtungen ist gemäß den gesetzlichen Vorgaben familienergänzend. Dies bedeutet, dass die Erziehungsvorstellungen zwischen den Erzieherinnen und den Eltern nicht identisch sein müssen. Ziel und Sinn der Elterngespräche ist es aber, Erziehungsvorstellungen mit den Eltern abzustimmen.

Wie soll ich als Gesprächsleiterin im Elterngespräch reagieren, wenn die Eltern andere Ansichten zur Erziehung ihres Kindes äußern, als ich es als pädagogische Fachkraft verantworten kann?

Bei dieser Frage ist zu unterscheiden, ob sich die unterschiedlichen Ansichten auf die Erziehung im Kindergarten oder auf die Erziehung in der Familie beziehen. Weiterhin ist zu beachten, wie hartnäckig und engagiert die Eltern zu ihren Ansichten stehen.

„Ich beobachte, dass in diesem Kindergarten nichts gelernt wird. In unserem Heimatland lernen die Kinder schon im Kindergarten lesen und schreiben. Ich möchte, dass mein Kind im Kindergarten unterrichtet wird." So die Forderung eines Vaters. Wenn es nicht gelingt, den Vater vom Konzept des Kindergartens zu überzeugen und er den in der Einrichtung praktizierten Ansatz nicht akzeptieren kann, kommt nur eine Abmeldung des Kindes in Frage.

Das Problem ist anders gelagert, wenn es um Fragen der Kindererziehung in der Familie geht. *„Wenn ich am Samstag Nachmittag alles für den Gästeansturm am Sonntag vorbereiten muss, dann setze ich die Kinder vor den Fernseher"*, berichtet eine Mutter, die eine Gastwirtschaft führt. Die Gesprächsleiterin berichtet daraufhin von der Beobachtung, dass montags manche Kinder in der Kindergruppe wegen der vielen Eindrücke aus dem Fernsehen geradezu explodieren. Sie versucht, die Mutter davon zu überzeugen, dass Bewegung in der freien Natur für Kinder viel förderlicher ist als Stunden vor dem Fernseher.

Manchmal kommt es noch schlimmer: Ein Vater beklagt sich beispielsweise, dass sein Sohn so ungehorsam ist. Er meint dazu: *„Er braucht schon einen Klaps auf den Hintern, damit er den Aufforderungen nachkommt."* Die Gesprächsleiterin versucht daraufhin eingehend, dem Vater aufzuzeigen, dass Schläge in der Erziehung nicht nur folgenlos sind, sondern auch die Persönlichkeit des Kindes massiv schädigen können. Der Schlusskommentar des Vaters: *„Auch wir haben Prügel einstecken müssen und es hat uns nicht geschadet."* Wie sind solche Gesprächssituationen zu bewältigen? Die Autoren des Harvard-Konzepts (s. auch „Wenn ich persönlich Aversionen gegen die Eltern habe, S. 88) fordern, im Gespräch keine sinnlosen Ziele zu verfolgen.[46] Ihrer Ansicht nach ist es aussichtslos, Gesprächspartner ändern zu wollen. Diese Einsicht ist für Erzieherinnen sehr schmerzlich, wenn sie hinnehmen müssen, dass Eltern mit ihren Erziehungsmaßnahmen völlig danebenliegen.

Sinnvoll ist es dagegen, die eigene Überzeugung klar und deutlich darzustellen und den Eltern zu versichern, dass im Kindergarten solche Erziehungspraktiken abgelehnt werden. Weiterhin ist es richtig, bei der Schilderung von derart falschen Erziehungsvorstellungen seine eigenen Empfindungen und Befürchtungen zu äußern. Beispielsweise: *„Ich habe Angst, dass Kinder, die von ihren Eltern geschlagen werden, dann auch von uns Erzieherinnen kaum noch mit Worten zu erreichen sind."* oder: *„Es macht mich traurig, wenn Eltern nicht die nötige Geduld für ihre Kinder aufbringen können."*.

Wenn ich mit unlösbaren Problemen konfrontiert werde

Das Familienleben und die Erziehungssituationen sind vielgestaltiger geworden. Neben Kindern aus traditionellen Familien sind in den Gruppen Kinder von alleinerziehenden Müttern oder Vätern, Scheidungskinder, Kinder, die bei den Großeltern aufwachsen und Adoptiv- oder Pflegekinder. Weiterhin sind Familien oftmals noch mit zusätzlichen Belastungen konfrontiert, z.B. häufiger Wohnungswechsel, schwierige Wohnverhältnisse, Arbeitslosigkeit und Armut. Daher werden auch die Anliegen, Probleme und Fragen, die in Elterngesprächen anstehen, komplexer und schwerwiegender. In manchen Fällen ist es notwendig, Experten aus der Erziehungsberatung einzuschalten.

Solche Problemsituationen lösen bei den Gesprächsleiterinnen oftmals Spannungen, Unzufriedenheit und Hilflosigkeit aus. Wenn Fachkräfte regelmäßig mit so schwiergen und für sie unlösbaren Fragen konfrontiert werden, machen sich Mutlosigkeit und Erschöpfung breit und die Qualität der Arbeit leidet darunter.

Gesprächsleiterinnen, die sich regelmäßig mit für sie unlösbaren Problemen in Elterngesprächen auseinandersetzen müssen, brauchen dringend Unterstützung, um sich von solchen Belastungen wieder freimachen zu können. Eine regelmäßige Supervision hilft, Abstand zu gewinnen und Belastungen produktiv zu verarbeiten. Eine notwendige psychohygienische Maßnahme!

---

46 Vgl. Stone, D.; Patton, B.; Heen, S.: Offen gesagt! Erfolgreich schwierige Gespräche meistern, München 2000, S. 185–194.

Oftmals bleibt ein solches Vorhaben auf der Strecke, weil keine finanziellen Mittel dafür bereitstehen. Die Vernetzung von Erziehungs-, Ehe- oder anderen Beratungsstellen kann Möglichkeiten eröffnen, zum Beispiel wenn ein Psychologe einer der genannten Einrichtungen während seiner Arbeitszeit zur Supervision zur Verfügung steht.

> **!** Die Gesprächsleiterin sollte alle Möglichkeiten ausschöpfen, regelmäßig an Supervisionsangeboten teilzunehmen.

Zusammenfassende Überlegungen

Hier wurden nur einige heikle Situationen in Elterngesprächen vorgestellt. Es sind Gesprächsprobleme, wie sie häufig in unseren Fortbildungen zur Debatte stehen. Die Praxis vor Ort ist bunter und vielgestaltiger, sodass nicht jeder schwierige Gesprächsanlass angesprochen werden konnte. Eine vortreffliche Hilfe für Gesprächleiterinnen ist das Teamgespräch, bei dem missliche Gesprächssituationen vorgetragen werden und alle Fachkräfte Lösungen einbringen können.

> **PRAXIS-TIPP!** Erzieherinnen berichten, dass ihnen Besprechungen von schwierigen Elterngesprächen im Team eine große Hilfe seien. Wenn Sie regelmäßig in den Teamsitzungen darüber berichten, wie Sie in schwierigen Elterngesprächen reagiert haben, so können Kolleginnen ihre Erfahrungen beisteuern und es kann so mit vereinten Kräften eine Steigerung von Gesprächskompetenzen erreicht werden. Zugleich wird sich ein eigenes Profil in der Führung von Elterngesprächen in der Einrichtung herauskristallisieren.

4. Die Auswertung von Elterngesprächen

So denken pädagogische Fachkräfte nach einem Elterngespräch, wenn sie es nicht der Mühe wert finden, sich schriftliche Notizen zu machen. Aber welch ein fataler Irrtum! Ein Elterngespräch wird meist erst nach mehreren Monaten oder sogar erst nach einem Jahr weitergeführt, dazwischen liegen viele Ereignisse und vielleicht mehr als zwanzig andere Elterngespräche. Wer könnte da noch genau wissen, was damals diskutiert wurde, welche Ergebnisse das Gespräch erbracht hat und welche Vereinbarungen getroffen wurden? Die gründliche Auswertung eines Elterngespräches ist also mindestens genauso wichtig wie die sorgfältige Vorbereitung und die sichere Durchführung des Gespräches.

> **Ein Elterngespräch kann nur dann als Fachgespräch bezeichnet werden, wenn nach der Vorbereitung und Durchführung auch eine sorgfältige Auswertung erfolgt und die gewonnenen Erkenntnisse in die pädagogische Planung und qualitative Verbesserung von Elterngesprächen eingeht.**

Wie soll die Auswertung eines Elterngespräches erfolgen? Welche Methoden der Auswertung bieten sich an? Es lassen sich zwei Aspekte in der Auswertung unterscheiden:

- die inhaltliche Dokumentation des Elterngespräches
- die Reflexion zum Gesprächsverlauf, zur Gesprächsatmosphäre und zum Einsatz von Gesprächstechniken

4.1 Die inhaltliche Dokumentation

Das Dokumentieren von Projekten, Bildungsprozessen und Beobachtungen bildet die Grundlage einer professionellen Arbeit in Kindertageseinrichtungen und trägt entscheidend zur Sicherung und Weiterentwicklung der pädagogischen Qualität bei.[47] Gleiches trifft auf Elterngespräche zu: Wenn Elterngespräche qualitativen Anforderungen gerecht werden sollen, so müssen sie dokumentiert und ausgewertet werden. Eine Grundlage für jede Auswertung ist die schriftliche Fixierung der Inhalte eines Elterngespräches. Ohne großen Aufwand können die Formalien des Elterngespräches sowie die Fragen, Anliegen, Argumente und kritischen Äußerungen in einem Protokoll festgehalten werden. Im Anhang findet sich die formalisierte Protokollvorlage (s. „Kurzprotokoll zum Elterngespräch", Vorlage 3, S. 110). Sie erleichtert das Abfassen eines Protokolls und erfüllt die Kriterien für ein vollständiges Protokoll.

Grundsätzlich bieten sich folgende Formen der Protokollierung an:

- Kurzprotokoll
- Gesprächsnotiz
- Verlaufsprotokoll
- Wortprotokoll

Kurzprotokoll: Es muss zunächst immer die Informationen zu folgenden Fragen enthalten:

- Wer führte das Elterngespräch?
- Wer war am Gespräch beteiligt?
- Wo fand das Gespräch statt?
- Wann wurde das Gespräch geführt?
- Wie lange dauerte das Gespräch?
- Was wurde angesprochen?

Zusätzlich wird im Kurzprotokoll mit einigen Sätzen auf die inhaltliche Auseinandersetzung eingegangen. Es liefert somit eine grobe Skizze des Gesprächsverlaufs. Beispiel:

Am 23. Januar 2010 führte ich mit den Eltern Maria und Felix Foxi ein Elterngespräch über Eingewöhnungsprobleme ihres Sohnes Franz. Das Gespräch fand im Büro des Kindergartens Regenbogen statt und dauerte 40 Minuten.

Zunächst berichtete ich den Eltern, wie sich Franz in der Gruppe verhält, nachdem er von der Mutter gebracht wird. Weiterhin wollten die Eltern wissen, wie intensiv die Kontakte ihres Kindes zu den Nachbarskindern sind, die die gleiche Gruppe besuchen. Die Eltern erzählten ausführlich, dass Franz auch Hemmungen hat, wenn er bei Besuchen mit anderen Kindern spielen soll. Elisabeth Frank.

---

47 Vgl. Viernickel, S.; Völkel, P.: Beobachten und dokumentieren im pädagogischen Alltag, Freiburg 2005; Hebenstreit-Müller, S.; Kühnel, B. (Hrsg.): Integrative Familienarbeit in Kitas, Berlin 2005.

Gesprächsnotiz: Bei kurzen und einfachen Gesprächen reicht diese verkürzte Form des Protokolls. Hier werden die beim Kurzprotokoll aufgeführten relevanten Informationen zusammengerafft. Auch in dieser knappen Form dürfen zur Identifizierung des Gespräches keine nötigen Informationen fehlen.

Beispiel für eine gekürzte Version des Kurzprotokolls:

Am 23. Januar 2010 führte ich mit den Eltern Maria und Felix Foxi ein Elterngespräch über Eingewöhnungsprobleme ihres Sohnes Franz. Das Gespräch fand im Büro des Kindergartens Regenbogen statt und dauerte 40 Minuten. Elisabeth Frank.

Verlaufsprotokoll: Darin wird versucht, die einzelnen Schritte eines Elterngespräches festzuhalten; zugleich sollen möglichst umfassend die Gesprächsbeiträge, Anliegen und Argumente wiedergegeben werden. Der Inhalt eines Gespräches ist detailliert im Verlaufsprotokoll zugänglich. Die Erstellung eines solchen Protokolls ist allerdings sehr arbeitsintensiv. Somit geht mit diesem Vorhaben die Gefahr einher, dass es im Gedränge anderer alltäglicher Pflichten leicht untergeht.

Wortprotokoll: Dabei handelt es sich um eine noch umfassendere Wiedergabe des Gespräches als im Verlaufsprotokoll. Neben den genannten Formalien enthält es weitgehend wortwörtlich alle Äußerungen jedes Gesprächsteilnehmers.

Nur in ganz seltenen Fällen ist bei Elterngesprächen ein Wortprotokoll nötig. Nur bei besonders heiklen Elterngesprächen, die mit Vorwürfen, Anschuldigungen und sogar Verleumdungen durchsetzt sind, ist es manchmal ratsam, die Äußerungen wörtlich festzuhalten. In solchen Extremsituationen sollten auch Ausnahmen bei der Abfassung des Protokolls gemacht werden. Es sollte in diesen Fällen nicht, wie bisher vorgeschlagen, erst am Ende des Elterngespräches geschrieben werden, sondern zweckmäßigerweise während des Gespräches. Die Gesprächsleiterin kann die Mitschrift auch ankündigen: *„Eine solche Anschuldigung möchte ich jetzt gleich schriftlich festhalten."* Ein Wortprotokoll ist bei äußerst brenzligen Gesprächen ein Schutz für die Gesprächsleiterin, denn bei weiteren Auseinandersetzungen können diese Unterlagen herangezogen werden.

Zusammenfassend kann gesagt werden: Für die Praxis in den Kindertageseinrichtungen ist in der Regel ein Kurzprotokoll anzuraten. Es lässt sich in einigen Minuten erledigen und versetzt die Gesprächsleiterin in die Lage, später einen groben Eindruck von den durchgeführten Gesprächen abrufen zu können.

Wann wird das Protokoll angefertigt?

In allen Veröffentlichungen wird den Gesprächsleiterinnen oder Protokollantinnen nahegelegt, das Protokoll zu einem Gespräch oder einer Sitzung möglichst umgehend anzufertigen. Denn viel zu groß ist die Gefahr, dass wichtige Aussagen und Beschlüsse vergessen werden. Gleiches muss auch für Elterngespräche gefordert werden. Wenn das Protokoll nach dem Gespräch verfasst wird, so muss versucht werden, dies möglichst zeitnah zu tun. Viel besser ist es noch, das Protokoll am Ende des Elterngespräches zusammen mit den Eltern zu schreiben. Dies hat den Vorteil, dass durch die Unterschrift aller Gesprächsteilnehmer ein autorisiertes Protokoll entsteht und dadurch eine erhöhte Verbindlichkeit der Vereinbarungen erreicht wird.

Wer soll das Protokoll abfassen?

Wählen Sie den Protokollanten sorgfältig aus! So mahnen viele Autoren, die sich mit Fragen des Protokollierens beschäftigen. In vielen Elterngesprächen stellt sich diese Frage nicht, denn wenn das Gespräch – wie in den meisten – Fällen nur von einer Fachkraft geführt wird, so wird auch sie das Protokoll abfassen.

4.2 Die Evaluation des Elterngespräches

Ebenso wie die Elternarbeit insgesamt überprüft, begutachtet und verbessert werden soll, müssen auch Elterngespräche kritisch beurteilt werden.[48] Diese Forderung verlangt Überlegungen zu folgenden Fragen:

- Wer soll die Beurteilung vornehmen?
- Wie soll die kritische Reflexion erfolgen?

Wer beurteilt das Elterngespräch?

Theoretisch ist jeder Teilnehmer am Elterngespräch in der Lage, sich darüber zu äußern, wie er sich bei diesem Gespräch fühlte, welchen Nutzen ein solches Gespräch vorweisen konnte und wie gelungen er die Gesprächsführung fand. Diese pauschale Annahme wirft folgende Fragen auf: Inwieweit ist es praktikabel, alle Teilnehmer am Elterngespräch zu befragen? Und: Kann erwartet werden, dass Eltern hinreichende Auskünfte über den Gesprächsverlauf und den professionellen Einsatz von Gesprächstechniken geben können? Sozialpsychologische Untersuchungen zeigen, dass Menschen allgemein in ihrem Urteil sehr stark durch Konformitätsdruck beeinflusst werde. Sie handeln weitgehend

---

48 Vgl. Textor, M. R.: Elternarbeit im Kindergarten. Ziele, Formen, Methoden, Norderstedt 2006, S. 39.

so, wie es von ihnen erwartet wird.[49] Bei den Eltern kann dieser Druck noch verstärkt werden, wenn sie befürchten, dass durch ihre kritischen Aussagen ihr Kind in Zukunft in der Einrichtung benachteiligt wird.

In der Gesprächsführung wird eine Rückmeldung zu einem Gespräch als Feedback bezeichnet. Damit ein Feedback wirksam wird, muss der Feedback-Nehmer auch offen dafür sein und ein gewisses Grundvertrauen gegenüber denjenigen besitzen, die ihm Rückmeldung geben sollen. *„Verstehe ich mich mit den Gesprächsteilnehmern so gut, dass ich mich von ihnen beurteilen lassen möchte?"* Diese Frage wird nicht immer bejaht werden können.

Der strengste Kritiker sind Sie selbst!

„Verletzt meine Kritik den anderen? Wie verpacke ich meine Anmerkungen geschickt? Sind die Äußerungen zu subjektiv? Verkraftet der Feedback-Nehmer meine kritischen Beiträge?" Solche Bedenken gibt es bei der Selbstbeurteilung nicht. Daher kann eine kritische Selbstreflexion mit aller Strenge erfolgen. Selbstbeurteilung bzw. Selbstevaluation hat noch zusätzliche Vorzüge: Sie ist ein äußerst praktikabler und flexibler Weg, denn es muss niemand gefragt werden, ob er bereit ist, nach einem Gespräch seine Meinung abzugeben. Es sind keine zusätzlichen Planungen nötig. Die Selbstevaluation zeichnet sich durch Vertrautheit mit der Situation und den Anforderungen aus.

> **Die Selbstevaluation von Elterngesprächen bietet viele Vorzüge und ist ein sehr effektiver Weg zur Verbesserung der Gespräche.**

Kritische Anmerkungen durch das Kollegium

In vielen Einrichtungen werden Elterngespräche von zwei oder mehreren pädagogischen Fachkräften durchgeführt. Beispielsweise führt die Gruppenleiterin das Elterngespräch und eine Jahrespraktikantin oder eine Kinderpflegerin nimmt ebenfalls am Gespräch teil. Diese Tatsache bietet viele Chancen, die Gestaltung und den Verlauf des Elterngespräches gemeinsam zu beraten und Verbesserungsmöglichkeiten zu erarbeiten.

Die wichtigste Vorentscheidung für das Gelingen einer solchen Beratung sind wieder folgende Überlegungen: Möchte ich mich von den Kollegen beurteilen lassen? Bestehen das nötige Vertrauen und die erforderliche Offenheit? Bin ich bereit, Kritik, Hinweise und Vorschläge anzunehmen? Denn Schönreden und

---

49 Vgl. Forgas, J. P.: Soziale Interaktion und Kommunikation. Eine Einführung in die Sozialpsychologie, Weinheim 1995/3, S. 244.

Lobhudeleien bringen den Beteiligten keinen Gewinn – eher schüren sie noch Misstrauen und Missmut. Jedoch sollte die kritische Beratung eines Elterngespräches mit Kollegen nach Regeln ablaufen, die der Kommunikation förderlich sind. Folgende Regeln für ein Feedback sind sehr nützlich, um brauchbare und aufbauende Kritik vortragen zu können.

> **Regeln für konstruktives Feedback**
>
> - Sagen Sie Ihre Beobachtungen und Empfindungen direkt und sofort dem Gesprächspartner!
>
> - Formulieren Sie die Rückmeldung konkret beschreibend, konstruktiv und nicht abwertend!
>
> - Fassen Sie sich kurz und bieten Sie Ihre Überlegungen an!
>
> - Setzen Sie die Sandwich-Methode ein!
>   ➡ Positiver Einstieg
>   ➡ Anregung und Kritik
>   ➡ Positiver Abschluss

Feedback von den Eltern

In Veröffentlichungen werden zuweilen auch Beurteilungsbögen für die Gesprächspartner angeboten, mit deren Hilfe sie vermitteln können, inwieweit das Gespräch ihren Erwartungen entsprochen hat. Da, wie bereits oben erläutert, eine derartige Beurteilung nur auf einer Vertrauensbasis erfolgen kann, wird die Gesprächsleiterin nur solche Eltern bitten, die ihr gut bekannt sind. Bei diesen Voraussetzungen sind Gefahren für falsche Urteile sehr groß. Wer sich trotz der genannten Widrigkeiten für eine Einschätzung durch die Eltern entscheidet, der findet im Anhang einen „Elternfragebogen zum Gespräch" (s. Vorlage 4, S. 111).

Allerdings kann auch schon ein aussagekräftiges und aufschlussreiches Feedback abgerufen werden, indem die Signale und Äußerungen der Eltern während des Gespräches aufmerksam beobachtet und registriert werden. Ein Kennzeichen für das Gelingen des Elterngespräches ist die Frage nach der Beteiligung der Eltern am Gespräch. Die Beantwortung folgender Fragen liefert entsprechende Auskünfte:

- Waren die Gesprächsanteile der Eltern ebenso umfänglich wie die der Gesprächsleiterin?

4. Die Auswertung von Elterngesprächen

- Haben die Eltern den Ausführungen zugehört?
- Haben die Eltern Interesse am Gespräch gezeigt?
- Haben die Eltern ihre Erfahrungen eingebracht?

Dieses erste offensichtliche Urteil über das Elterngespräch kann noch verfeinert und gesteigert werden, indem beobachtet wird, wie das Engagement der Eltern beim Gespräch war.[50]

Folgende Fragen liefern Anhaltspunkte für eine Einschätzung des Engagements:

- Haben sich die Eltern intensiv am Gespräch beteiligt?
- Stellten die Eltern viele Nachfragen?
- Bemühten sich die Eltern, ihre Erfahrungen und Meinungen durch überzeugende Argumente und Beispiele abzusichern?
- Erzählten die Eltern mit Begeisterung und Eifer, welche Fähigkeiten sie bei ihrem Kind beobachten konnten?
- Verfolgten die Eltern mit größter Konzentration die Berichte der Gesprächsleiterin?
- Zeigten die Eltern ein lebhaftes Ausdruckverhalten bei ihren Gesprächsbeiträgen?
- War die Stimmmodulation der Eltern beim Reden variationsreich?

Weitere Auskünfte zur Einschätzung von Elterngesprächen erhält die Gesprächsleiterin, wenn sie beobachtet, wie wohl sich die Eltern während des Gespräches fühlten. Folgende Fragen zielen auf das Wohlbefinden der Eltern während des Gespräches ab:

- Waren die Eltern entspannt und locker während des Gespräches?
- Ließen sich die Eltern nicht aus der Fassung bringen und reagierten sie bei unterschiedlichen Situationen flexibel?
- Zeigten die Eltern, dass sie sich über ihr Kind freuen?
- Zeigten sich die Eltern furchtlos gegenüber neuen Informationen?

Und schließlich ist die Vertrautheit und Offenheit in der Auseinandersetzung ein Kennzeichen für das Gelingen des Gespräches, beispielsweise wenn die Eltern aus ihrem Familienalltag erzählen, wenn sie berichten, welche Erfahrungen und Erlebnisse sie selbst als Kind machten.

Wie durch die aufgezeigten Kriterien deutlich wurde, können genaue Beobachtungen während des Elterngespräches viele Anhaltspunkte liefern, um das Gespräch beurteilen zu können. Eine schriftliche Meinungsäußerung der Eltern

---

50 Vgl. Hebenstreit-Müller, S.; Kühnel, B. (Hrsg.): Kinderbeobachtung in Kitas. Erfahrungen und Methoden im ersten Early Excellence Centre in Berlin, Berlin 2004, S. 95.

über Elterngespräche ist in Verbindung mit einer Elternbefragung über Bedarf und Wünsche zur Elternarbeit sinnvoll. In einem entsprechenden Fragebogen können drei bis fünf Fragen über Elterngespräche aufgenommen werden.[51]

Wie soll eine Beurteilung durchgeführt werden?

Eine unumstößliche Anforderung an die Auswertung eines Elterngespräches ist: Sie muss schriftlich erfolgen! Wer sich nach einem Elterngespräch einige Minuten besinnt und so das Gespräch durchgeht, dabei aber keine Notizen macht, der wird kaum einen Nutzen aus dieser Reflexion ziehen können.

> **Die Beurteilung eines Elterngespräches ist nur dann sinnvoll, wenn sie schriftlich erfolgt.**

Das Gleiche trifft auf kritische Auseinandersetzungen über Elterngespräche mit Kollegen zu.

Einen ersten Zugang, inwieweit ein Elterngespräch als gelungen eingestuft werden kann, liefert das Ausfüllen des Bogens „Überlegungen zur Gesprächsführung" (s. Vorlage 5, S. 112), auf dem Sie Gelungenes und Schwierigkeiten im Elterngespräch auflisten können. Auch so pauschale Aufforderungen können eine umfassende und eingehende Reflexion auslösen. Dadurch werden viele Aspekte der Gestaltung eines Elterngespräches deutlich und Punkte zur Verbesserung herausgearbeitet. Die Auflistung kann auch als Grundlage für Beratungen und Diskussionen mit Kollegen im Anschluss an ein Elterngespräch dienen.

- Was ist im Elterngespräch besonders gelungen?
- Wo wurden Schwierigkeiten im Gespräch offensichtlich?

Wer sich jedoch eingehender damit auseinandersetzen möchte, inwieweit das Elterngespräch als gelungen gewertet werden kann und welche Verbesserungsmöglichkeiten vordringlich sind, findet im Anhang eine Vorlage mit entsprechenden Fragen zur Einschätzung eines Elterngespräches (s. „Kurzfragebogen zur eigenen Einschätzung eines Elterngespräches", Vorlage 6, S. 113). Die Beantwortung der aufgeführten Fragen führt zu einer genaueren Analyse des Gesprächsgeschehens und hilft, Schwierigkeiten und Blockaden aufzudecken. Dadurch eröffnen sich Möglichkeiten der Verbesserung.

---

51 Eine brauchbare Vorlage für einen Fragebogen zur Elternarbeit findet sich in: Blank, B.; Eder, E.: Zusammenarbeit mit Eltern in Kindertageseinrichtungen. Arbeitshilfen für die Praxis, Kronach München Bonn Potsdam 1999.

4. Die Auswertung von Elterngesprächen

> Die vorgegebenen Fragen zur Analyse eines Elterngespräches können auch helfen, die Effektivität von Teamgesprächen einzuschätzen. Übungshalber könnten Sie diese Fragen nach einer Teamsitzung durchgehen.

Besonders engagierte Gesprächleiterinnen – in entsprechender Anpassung – werden neben der kritischen Beratung mit den Kollegen ihre Elterngespräche in den einzelnen Teilelementen überprüfen wollen. Der ausführliche „Fragebogen zur eigenen Einschätzung eines Elterngespräches" (s. Vorlagen 7/1–7/3, S. 114–116) liefert die entsprechenden Fragen für eine umfassende und sehr differenzierte Einschätzung.

Wann soll eine Beurteilung des Elterngespräches erfolgen?

Wie auch das Protokoll sollte eine Einschätzung direkt im Anschluss an das Gespräch erfolgen. Denn nur dann sind der Inhalt, der Verlauf, der geschickte Einsatz von Gesprächstechniken und die Reaktionen der Gesprächspartner noch frisch im Gedächtnis. Schon am nächsten Tag sind die plastischen Konturen des Gespräches verschwommen und viele Verhaltensweisen vergessen. Ein Urteil fällt dann meist oberflächlich aus und Chancen zur Verbesserung der nächsten Elterngespräche sind minimal.

> **PRAXIS TIPP!**
> Etablieren Sie ein Ritual zur Einschätzung eines Elterngespräches unmittelbar nach dem Gespräch. Suchen Sie einen ruhigen und gemütlichen Ort auf, der zur Entspannung beiträgt. Dann brauchen Sie Ihr Lieblingsgetränk. In solch genussvoller Atmosphäre füllen Sie seelenruhig den Einschätzbogen aus. Das Ritual soll sich so einschleifen, dass es zu jedem Elterngespräch wie die Begrüßung der Eltern gehört.

Die ausführliche Variante (Vorlagen 7/1–7/3) bietet die Möglichkeit, das Elterngespräch in den einzelnen Teilelementen zu überprüfen und somit eine sehr umfassende und differenzierte Einschätzung abzugeben.

5. Elterngespräche: Ein Fundament der Erziehungs- und Bildungspartnerschaft in Kindertageseinrichtungen

Die Häufigkeit und Qualität gemeinsamer Gespräche ist ein aussagekräftiges Kriterium dafür, wie lebendig und stabil die Partnerschaft in der Ehe oder in der Paarbeziehung ist. Wenn also Paare regelmäßig und eingehend miteinander reden, sich austauschen, diskutieren und sich gegenseitig kritisieren, dann ist die Beziehung vital und erfährt Festigung und Vertiefung. Die Art und Weise der Kommunikation in Paarbeziehungen ist sogar so aussagekräftig, dass sie Auskünfte über die künftige Dauer der Beziehung gibt.[52] Umgekehrt ist auch klar, dass eine Beziehung versandet und dem Ende zustrebt, wenn Gespräche nur noch selten und gezwungenermaßen stattfinden.

Die Partnerschaft zwischen den Pädagogen der Kindertageseinrichtungen und den Eltern ist zwar von anderer Qualität als die einer Paarbeziehung, dennoch dürfte ebenfalls zutreffen, dass ein regelmäßiger und eingehender Gesprächsaustausch die Kooperation stabilisiert, vertieft und dass die Minderung der Gesprächsbereitschaft eine Kooperation verhindert. Sicherlich sind es nicht nur Termingespräche mit den Eltern, die einer Kooperation Vitalität verleihen, weil es zwischen Eltern und Erzieherinnen weit häufiger Gespräche so im Vorbeigehen gibt, die ebenfalls Beziehungen aufbauen und festigen können. Gerade Tür-und-Angel-Gespräche sowie die Gespräche mit Eltern nach einer Veranstaltung, bei einer Aktion oder einem Projekt tragen viel dazu bei, dass die Beziehung zwischen den Beteiligten intensiviert wird. Mehr voneinander zu wissen, über die Erwartungen und Interessen des anderen informiert zu sein und ein vertrauensvolles Klima des Zusammenwirkens, bilden die Grundlage jeder Partnerschaft.

So wichtig und wirkungsvoll Kurzgespräche zur Beziehungspflege sind, so können trotz alledem nur die geplanten Termingespräche einen umfassenden und weitreichenden Erfahrungs- und Informationsaustausch garantieren. Denn erst im Termingespräch ist es möglich, den Eltern Verhaltensweisen und Beobachtungen eingehender darzustellen, sodass Zusammenhänge und Hintergründe deutlich werden. Dies ist eine Grundlage, um Bildungschancen für Kinder auszuloten und Förderressourcen freizulegen. Somit tragen Elterngespräche in erster Linie zur Förderung und Bildung des Kindes in Kindertageseinrichtungen bei.

---

52 Vgl. Gottman, J.: Laß uns einfach glücklich sein! Der Schlüssel zu einer harmonischen Partnerschaft, München 1998, S. 19.

> **Elterngespräche zeigen den Eltern neue Kompetenzen ihres Kindes und geben Anstöße für die Weiterführung von Bildungsaufgaben.**

Ein weiterer Aspekt zeigt die Dringlichkeit und Wirksamkeit von Elterngesprächen: In allen Veröffentlichungen, die sich mit pädagogischen Fragen in Kindertageseinrichtungen auseinandersetzen, wird der Hauptauftrag der Einrichtung in der Ergänzung und Unterstützung der häuslichen Erziehung gesehen. Wenn die Erziehung und Bildung in der Familie unterstützt und ergänzt werden soll, so gelingt dies wahrscheinlich umso besser, je gründlicher die Ausgangsbedingungen bekannt sind. Elterngespräche stellen dafür eine vorzügliche Informationsquelle dar. Noch dazu machen Elterngespräche deutlich, wie in den Familien Bildungsimpulse aus den Kindertageseinrichtungen weitergeführt und verstärkt werden.

> **Mithilfe von Elterngesprächen können Erziehungsziele und -praktiken zwischen Elternhaus und Kindertageseinrichtungen aufeinander abgestimmt werden.**

Die vielen zuträglichen Aspekte der Elterngespräche für die Intensivierung der Bildungsangebote und zur Verbesserung der Kooperation zwischen Elternhaus und Kindertageseinrichtungen steigern insgesamt das Wohl des Kindes.

Elterngespräche bauen Vorurteile und Ängste der Eltern ab und bahnen Vertrauen und Sicherheit an. Wenn beispielsweise Eltern ihr Kind in den Kindergarten geben, so wird es häufig erstmals regelmäßig außerhalb der Familie betreut. Dieser Schritt ist sowohl für das Kind als auch für die Eltern mit Spannung, Unsicherheiten und Stress verbunden. Mütter und Väter werden von Sorgen und Bedenken geplagt: Kann sich unser Kind in die Gruppe eingliedern? Kann es sich von uns ablösen, um im Kindergarten Freude und Spaß zu erleben? Kann sich unser Kind in einer Gruppe mit vielen Kindern behaupten? Manchmal zeigt sich, dass Müttern und teilweise auch Vätern die Ablösung von ihrem Kind und das Abschiednehmen schwerer fällt als ihrem Kind selbst. Elterngespräche können diesen Übergang begleiten und emotionale Spannungen abbauen. Zusammen mit den Erzieherinnen können heilsame Formen der Verabschiedung gefunden werden, die Eltern und Kinder stärken.

> **!** Elterngespräche sollen helfen, Spannungen und Ängste der Eltern beim Übergang ihres Kindes in die Kindertageseinrichtung abzubauen.

Auch für die Gesprächsleiterinnen halten Elterngespräche Profite bereit: Elterngespräche liefern starke Impulse für die gesamte Pädagogik einer Einrichtung. Sie sind daher für Erzieherinnen eine große Unterstützung bei der Planung und Durchführung von Projekten und Aktionen. Es wurde bereits anschaulich gezeigt, wie Erzieherinnen im Elterngespräch neue Seiten ihrer Kinder kennenlernen. Manche Fähigkeiten und Kompetenzen der Kinder zeigen ihre volle Ausprägung nur in der Familie. Eine Anknüpfung im Kindergarten steigert die Fördermöglichkeiten.

> **!** Elterngespräche liefern entscheidende Hinweise für eine individuell angemessene Förderung einzelner Kinder.

Elterngespräche halten die Pädagogik in Kindertageseinrichtungen mobil. Sie drängen dazu, Veränderungen aufzunehmen und sich auf neue Anforderungen einzustellen. Aber nicht nur die pädagogische Arbeit in der Einrichtung bleibt dynamisch und aufgeschlossen; auch die Gesprächsleiterinnen selbst gewinnen durch Elterngespräche kommunikative und soziale Kompetenzen. In Elterngesprächen gilt es, sich auf die Verschiedenartigkeit der Eltern einzustellen, die eigenen Erfahrungen offen und ansprechend vorzustellen sowie verständnisvoll und deutlich pädagogische Grundprinzipien zu erläutern. Besonders in Konfliktgesprächen sind die persönlichen und sozialen Kompetenzen der Gesprächsleiterinnen gefordert und der gezielte Einsatz von Gesprächstechniken notwendig.

Checkliste zur Vorbereitung eines Elterngespräches

Teil 1: Organisatorische Vorbereitung	Ja	Nein
• Wurden die Eltern ordnungsgemäß eingeladen?	○	○
• Ist geklärt worden, wer vom pädagogischen Personal an dem Gespräch teilnehmen soll?	○	○
• Wissen die Eltern darüber Bescheid, wer an dem Gespräch beteiligt sein wird?	○	○
• Wissen die Eltern und evtl. die anderen Gesprächsteilnehmer, wo und wann das Gespräch stattfinden und wie lange es dauern wird?	○	○
• Wissen alle Beteiligten darüber Bescheid, worum es bei dem Gespräch gehen soll?	○	○
• Ist der Raum für das Elterngespräch ordentlich und sauber?	○	○
• Ist der Raum gut gelüftet?	○	○
• Ist für eine angenehme Beleuchtung und Temperatur gesorgt?	○	○
• Ist an eine günstige und angenehme Sitzordnung gedacht?	○	○
• Ist dafür gesorgt, dass das Gespräch möglichst ungestört verlaufen kann?	○	○
• Stehen Getränke bereit?	○	○
• Liegen die notwendigen Unterlagen bereit (Beobachtungsbögen, Materialien und Fotos aus den Aktionen und Projekten, an denen sich das Kind beteiligte usw.)?	○	○

Checkliste zur Vorbereitung eines Elterngespräches

Teil 2: Vorbereitung auf die Gesprächspartner	Ja	Nein
• Sind mir die Namen der Gesprächspartner bekannt?	○	○
• Weiß ich, wie man den/die Namen richtig ausspricht?	○	○
• Sind mir die wichtigsten soziografischen Daten zu den Gesprächspartnern geläufig?	○	○
• Ist mir die Familiensituation der Gesprächspartner bekannt?	○	○
• Weiß ich über die Lebensverhältnisse der Gesprächspartner Bescheid?	○	○
• Kenne ich die Arbeitsbedingungen der Gesprächspartner?	○	○
• Bin ich über die Kompetenzen meiner Gesprächspartner informiert?	○	○
• Kenne ich die Wertvorstellungen und Überzeugungen der Gesprächspartner?	○	○
• Habe ich einen groben Einblick in die soziale Einbindung meiner Gesprächspartner?	○	○
• Ist mir ein bestimmtes Lebensmotto der Gesprächspartnerinnen bekannt?	○	○
• Kursieren evtl. Gerüchte über meine Gesprächspartner, die mir bewusst sein sollten?	○	○

Vorlage 1/3

Checkliste zur Vorbereitung eines Elterngespräches

Teil 3: Inhaltliche Vorbereitung	Ja	Nein
• Sind mir Vereinbarungen aus dem letzten Elterngespräch bekannt?	○	○
• Ist ein einladender und motivierender Gesprächseinstieg vorbereitet?	○	○
• Habe ich mir eine Struktur zur Behandlung der Themen überlegt?	○	○
• Bin ich auf die Themenschwerpunkte des Elterngesprächs gut vorbereitet?	○	○
• Liegen mir Beobachtungen und Dokumentationen zum Verhalten des Kindes vor?	○	○
• Sind mir die Bildungsinteressen und Entwicklungsschritte des Kindes vertraut?	○	○
• Kann ich zu grundsätzlichen Fragen der Erziehung (z. B. zum Konzept der Einrichtung) Auskunft geben?	○	○
• Wenn Verhaltensauffälligkeiten und Entwicklungsverzögerungen eines Kindes angesprochen werden sollen: Bin ich fachlich hinreichend vorbereitet?	○	○
• Hat das Gespräch Konfliktpotential?	○	○
• Wenn ja: Welche Gesprächsinhalte könnten zu einem Konflikt führen und wie kann ich dem begegnen?	○	○
• Bin ich auf eventuelle Anliegen der Eltern eingestellt?	○	○

Einladung zum Elterngespräch

Liebe Eltern,

ich möchte Sie mit dieser Einladung nochmals an den vereinbarten Termin für das Eltergespräch erinnern.

Das Gespräch findet statt

am: _____

um: _____

bis ca.: _____

im Besprechungsraum unseres Kindergartens.

Ich grüße Sie herzlich und freue mich auf Ihr Kommen.

(Gruppenleiterin)

Einladung zum Elterngespräch

Liebe Eltern,

ich möchte Sie mit dieser Einladung nochmals an den vereinbarten Termin für das Eltergespräch erinnern.

Das Gespräch findet statt

am: _____

um: _____

bis ca.: _____

im Besprechungsraum unseres Kindergartens.

Ich grüße Sie herzlich und freue mich auf Ihr Kommen.

(Gruppenleiterin)

Kurzprotokoll zum Elterngespräch

Name der Einrichtung:	Name und Alter des Kindes:
Gesprächleiter/-in:	Datum des Gespräches:
Sonstige Teilnehmer/-innen:	Dauer des Gespräches:

Gesprächsanstoß durch:
Hauptanliegen:
Weitere Schwerpunkte:
Vereinbarungen:
Unterschriften:

Elternfragebogen zum Gespräch

Datum: _____ Name: _____

Ihre Meinung ist uns wichtig!
Bitte kreuzen Sie an, was für Sie am ehesten zutrifft.

	Ja	Teils ja, teils nein	Nein
• Ich habe mich in der Einrichtung willkommen gefühlt.	○	○	○
• Ich habe das Gespräch als angenehm empfunden.	○	○	○
• Die Erzieherin/der Erzieher erschien mir kompetent und fachlich gut informiert.	○	○	○
• Die Erzieherin/der Erzieher wusste gut über mein Kind Bescheid.	○	○	○
• Ich habe mein Anliegen und meine Fragen vorbringen können.	○	○	○
• Ich habe mich ernst genommen gefühlt.	○	○	○
• Die Erzieherin/der Erzieher hat mir zugehört.	○	○	○
• Ich habe auf meine Fragen konkrete Antworten erhalten.	○	○	○
• Was die Erzieherin/der Erzieher im Gespräch gesagt hat, war für mich verständlich und nachvollziehbar.	○	○	○
• Ich finde, das Gespräch hat etwas gebracht.	○	○	○

Wenn Sie sonst noch etwas anmerken möchten, schreiben Sie bitte einfach auf die Blattrückseite!

Vielen Dank für Ihre Mitarbeit!

Überlegungen zur Gesprächsführung

Gelungenes	Schwierigkeiten

Kurzfragebogen zur eigenen Einschätzung des Elterngespräches

Name der Einrichtung:	Name und Alter des Kindes:
Gesprächleiter/in:	Datum des Gespräches:
Sonstige Teilnehmer/innen:	Dauer des Gespräches:
Anliegen des Gespräches:	

Frage	Ja	Nein	Bemerkungen
Ist das Gespräch insgesamt gut gelungen?	○	○	
Konnte eine vertrauensvolle Gesprächsatmosphäre erzeugt werden?	○	○	
Gelang es, einen fruchtbaren Dialog zu führen?	○	○	
Wurde das Gesprächsvorhaben erreicht?	○	○	
Habe ich den Eltern Annahme, Einfühlung und Respekt entgegengebracht?	○	○	
Konnten im Gespräch Ergebnisse und Vereinbarungen erzielt werden?	○	○	
Gab es Blockaden/ Schwierigkeiten?	○	○	

Vorlage 7/1

Fragebogen zur eigenen Einschätzung eines Elterngespräches (1)

Name der Einrichtung:	Name und Alter des Kindes:
Gesprächleiter/in:	Datum des Gespräches:
Sonstige Teilnehmer/innen:	Dauer des Gespräches:

Anliegen des Gespräches:

Teil 1: Vorbereitung	Ja	Nein
• Habe ich die richtige Auswahl bezüglich der teilnehmenden Personen getroffen?	○	○
• Habe ich alle Teilnehmer rechtzeitig darüber informiert, wer beim Gespräch dabei sein wird?	○	○
• Habe ich den Termin so gelegt, dass er für alle Beteiligten möglichst günstig war?	○	○
• Habe ich die Eltern schriftlich eingeladen?	○	○
• Habe ich mir ausreichend Zeit zur Vorbereitung genommen?	○	○
• Habe ich zur Vorbereitung Beobachtungen durchgeführt und dokumentiert?	○	○
• Habe ich mich vor dem Gespräch mit einer Kollegin über unsere Beobachtungen zum Kind ausgetauscht?	○	○
• Habe ich vorab eine grobe Skizze des geplanten Gesprächsverlaufs angefertigt?	○	○
• Habe ich den geplanten Gesprächsverlauf auf die Art des Elterngesprächs ausgerichtet?	○	○
• Habe ich mich fachlich auf das Elterngespräch vorbereitet?	○	○
• Habe ich mich zur Vorbereitung mit Gesprächstechniken beschäftigt?	○	○
• Habe ich vorab die Dokumentation über Projekte gesichtet, um mir die Bildungsimpulse zu vergegenwärtigen?	○	○
• Habe ich Materialien, Fotos und Arbeiten des Kindes bereitgestellt?	○	○
• Habe ich den Besprechungsraum für die Eltern einladend gestaltet?	○	○
• Habe ich auf eine komfortable Sitzmöglichkeit und günstige Sitzordnung geachtet?	○	○
• Habe ich Getränke bereitgestellt?	○	○
• Konnte ich mich kurz vor dem Gespräch noch einige Minuten auf das Elterngespräch einstimmen?	○	○
• Habe ich mir ein Partnerprofil der Eltern skizziert?	○	○

Fragebogen zur eigenen Einschätzung eines Elterngespräches (2)

Teil 2: Durchführung	Ja	Nein
• Habe ich die Eltern am Eingang empfangen?	○	○
• Habe ich durch Freundlichkeit und Entgegenkommen die Eltern spüren lassen, dass sie willkommene Gäste waren?	○	○
• Habe ich bei der Durchführung des Elterngespräches eine klare Struktur eingehalten?	○	○
• Habe ich den vorgesehenen Zeitrahmen einhalten können?	○	○
• Habe ich das Gespräch vom Small Talk geschickt zum Thema übergeleitet?	○	○
• Habe ich die Eltern dazu gebracht, dass sie selbst Lösungen für ihr Anliegen entwickelten?	○	○
• Ist es mir gelungen, das Gespräch immer wieder zum Thema zurückzuführen?	○	○
• Habe ich die Beiträge der Eltern von Zeit zu Zeit zusammengefasst?	○	○
• Konnte ich mich spontan und frei einbringen und war nicht auf meine schriftlichen Unterlagen fixiert?	○	○
• Habe ich mich klar und verständlich ausgedrückt?	○	○
• Habe ich mich in die Situation der Eltern versetzen können?	○	○
• War ich bemüht, mich gegenüber den Eltern echt zu verhalten?	○	○
• Habe ich den Eltern Wertschätzung und Respekt für ihr Erziehungsengagement entgegengebracht?	○	○
• Habe ich Beobachtungen und Erkenntnisse klar und präzise dargestellt?	○	○
• Habe ich die Zusammenhänge anschaulich erläutert?	○	○
• Habe ich am Schluss des Gespräches nochmals an die Vereinbarungen erinnert?	○	○
• Habe ich am Ende des Gesprächs den Eltern Dank und Anerkennung ausgesprochen?	○	○

Fragebogen zur eigenen Einschätzung eines Elterngespräches (3)

Teil 3: Einsatz von Gesprächstechniken	Ja	Nein
• Habe ich aufmerksam zugehört?	○	○
• Habe ich die Eltern ausreden lassen?	○	○
• Habe ich durch Reaktionen (z. B. „Ja?", „Interessant!") die Eltern zum Erzählen motiviert?	○	○
• Ist es mir gelungen, Gesprächsblockaden weitgehend zu vermeiden?	○	○
• Ist es mir gelungen, Ratschläge zu vermeiden?	○	○
• Habe ich Stimmungen und Gefühle angesprochen?	○	○
• Habe ich den Eltern durch geschickte Fragen zur Klärung ihrer Anliegen geholfen?	○	○
• Habe ich den Eltern genügend Zeit zum Überlegen und Antworten gelassen?	○	○
• Habe ich meine Meinung durch Ich-Aussagen deutlich gemacht?	○	○
• Habe ich bei kritischen Auseinadersetzungen positive Gesichtspunkte herausgestellt?	○	○
• Habe ich an kritischen Stellen des Elterngesprächs Stellung bezogen?	○	○

Teil 4: Auswertung	Ja	Nein
• Habe ich direkt nach dem Gespräch ein Protokoll verfasst?	○	○
• Habe ich das Protokoll von allen Gesprächsteilnehmern unterzeichnen lassen?	○	○
• Habe ich mit einer Kollegin über das Gespräch diskutiert?	○	○
• Habe ich Gelungenes und Schwierigkeiten in der Gesprächsführung herausgearbeitet und schriftlich festgehalten?	○	○
• Habe ich im Protokoll festgehalten, inwieweit sich Zusammenhänge zu früheren Gesprächen ergeben haben?	○	○
• Ist meines Erachtens das Gespräch insgesamt positiv verlaufen?	○	○
• Habe ich mich in meiner Rolle während des Gespräches wohl gefühlt?	○	○

Literatur

Quellen

Berckhan, B.: Die etwas intelligentere Art, sich gegen dumme Sprüche zu wehren. Selbstverteidigung mit Worten, München 2001.

Bostelmann, A.; Fink, M.: Pädagogische Prozesse im Kindergarten – Planung, Umsetzung, Evaluation, Weinheim Basel Berlin 2003.

Buer, J., van; Matthäus, S.; Borrmann-Müller, R.; Apel, U. (Hrsg.): Entwicklung der kommunikativen Kompetenz und des kommunikativen Handelns Jugendlicher in der kaufmännischen Erstausbildung, Berlin 1995.

Burchat-Harms, R.: Konfliktmanagement. Wie Kindergärten TOP werden, Neuwied 2001.

Cerwinka, G.; Schranz, G.: Die Macht der versteckten Signale, Wien Frankfurt 1999.

Dannhorn, S.: Wenn Eltern und Kinder kein Deutsch verstehen …, Mülheim an der Ruhr 2007.

Forgas, J. P.: Soziale Interaktion und Kommunikation. Eine Einführung in die Sozialpsychologie, München Weinheim 1995/3.

Gottman, J.: Laß uns einfach glücklich sein! Der Schlüssel zu einer harmonischen Partnerschaft, München 1998.

Gordon, T.: Familienkonferenz. Die Lösung von Konflikten zwischen Eltern und Kind, München 2000/30.

Hane, W.: Beratungsgespräche mit Eltern bei kindlichen Verhaltensauffälligkeiten, Kissing 1997.

Hebenstreit-Müller, S.; Kühnel, B. (Hrsg.): Kinderbeobachtung in Kitas. Erfahrungen und Methoden im ersten Early Excellence Centre in Berlin, Berlin 2004.

Hebenstreit-Müller, S.; Kühnel, B. (Hrsg.): Integrative Familienarbeit in Kitas. Individuelle Förderung von Kindern und Zusammenarbeit mit Eltern, Berlin 2005.

Hennig, C.; Ehinger, W.: Das Elterngespräch in der Schule. Von der Konfrontation zur Kooperation, Donauwörth 1999/3.

Hierold, E.; Laminger, E.: Gewinnend argumentieren, Wien 1995.

Hüls, C.: Schutzplan auch ohne Jugendamt – Caritas hilft den Kindergärten. In: http://www.derwesten.de/nachrichten/staedte/altena

Huth, A.: Gesprächskultur mit Eltern, Weinheim Basel 2006.

Langer, I.; Schulz von Thun, F.; Tausch, R.: Sich verständlich ausdrücken, München 2002/6.

Leupold, E. M.: Handbuch der Gesprächsführung. Problem- und Konfliktgespräche im Kindergarten, Freiburg Basel Wien 2000.

Michaelis, R.: Validierte Grenzsteine der Entwicklung. Aktualisierte Version 1 – 2003. In: www.brandenburg.de/media/1234/val_grenz.pdf

Redlich, A.: Konfliktmoderation. Handlungsstrategien für alle, die mit Gruppen arbeiten, Hamburg 1997.

Rogers, C. R.: Die nicht-direktive Beratung, München 1985/6.

Rogers, C. R.: Die klientenzentrierte Gesprächspsychotherapie, München 1986/8.

Rückert, E.; Schnabel, M.: Welche Themen und Schwerpunkte werden in Elterngesprächen beraten? In: Bildung Erziehung Betreuung. IFP-Infodienst 2000 (2), 20–22.

Rückert, E.; Schnabel, M.; Minsel, B.: Kommunikationsfördernde Gesprächsführung mit Eltern in Kindertageseinrichtungen. Ergebnisse aus Analysen von Video-Elterngesprächen. IFP-Berichte 10/2000, München 2000.

Schulz von Thun, F.: Miteinander reden, Band 3: Das „Innere Team" und situationsgerechte Kommunikation, Hamburg 1998.

Schulz von Thun, F.: Miteinander reden, Band 1: Störungen und Klärungen. Allgemeine Psychologie der Kommunikation, Hamburg 1989.

Schulz von Thun, F.: Praxisberatung in Gruppen. Erlebnisaktivierende Methoden mit 20 Fallbeispielen zum Selbsttraining für Trainerinnen und Trainer, Supervisoren und Coachs, Weinheim Basel 1996.

Schulz von Thun, F.; Ruppel, J.; Stratmann, R.: Miteinander reden: Kommunikationspsychologie für Führungskräfte, Hamburg 2004.

Spachtholz, B.: Power-Atem. Die Kraftquelle des Atems erschließen, Regensburg Düsseldorf 1999.

Stone, D.; Patton, B.; Heen, S.: Offen gesagt! Erfolgreich schwierige Gespräche meistern, München 2000.

Tausch, R.; Tausch A.-M.: Erziehungspsychologie. Begegnung von Person zu Person, Göttingen Toronto Zürich 1991/10.

Textor, M. R. (Hrsg.): Erziehungs- und Bildungspartnerschaft mit Eltern, Freiburg Basel Wien 2006.

Textor, M. R.: Die Zusammenarbeit mit Eltern – aus der Perspektive der Erziehungs- und Bildungspläne der Länder. In: Textor, M. R. (Hrsg.): Erziehungs- und Bildungspartnerschaft mit Eltern, Freiburg Basel Wien 2006, S. 11–31.

Textor, M. R.: Elternarbeit im Kindergarten. Ziele, Formen, Methoden, Norderstedt 2006.

Viernickel, S.; Völkel, P.: Beobachten und dokumentieren im pädagogischen Alltag, Freiburg 2005.

Weidenmann, B.: Gesprächs- und Vortragstechnik. Für alle Trainer, Lehrer, Kursleiter und Dozenten, Weinheim Basel Berlin 2003/2.

Weiterführende Literatur

Berckhan, B.; Krause, C.; Röder, U.: Schreck laß nach! Was Frauen gegen Redeangst und Lampenfieber tun können, München 1993.

Bernitzke, F.; Schlegel; P.: Das Handbuch der Elternarbeit, Troisdorf 2004.

Blank, B.; Eder, E.: Zusammenarbeit mit Eltern in Kindertageseinrichtungen. Arbeitshilfen für die Praxis, Kronach München Bonn Potsdam 1999.

Bröder, M.: Gesprächsführung im Kindergarten. Anleitung, Modelle, Übungen, Freiburg i. B. 1993.

Eppel, H.; Hittmeyer, S.; Nuwordu, I.; Plate, P.; Rathmann, R.: Mit Eltern partnerschaftlich arbeiten. Elternarbeit neu betrachtet, Freiburg Basel Wien 1996.

Falk, S.: Überzeugend sein. Rhetorik für Erzieherinnen, Freiburg Basel Wien 2002.

Herrmann, M.; Weber, K.: Erfolgreiche Methoden für die Team- und Elternarbeit, Freiburg 2003.

Jansen, F.; Wenzel, P.: Von der Elternarbeit zur Kundenpflege. Kindertageseinrichtungen auf dem Weg zu Dienstleistungsunternehmen, München 1999.

Knisel-Scheuring, G.: Interkulturelle Elterngespräche. Gesprächshilfen für Erzieherinnen in Kindergarten und Hort, Lahr 2002.

Mienert, M.; Vorholz, H.: Gespräche mit Eltern. Entwicklungs-, Konflikt- und Informationsgespräche, Troisdorf 2007.

Nöllke, M.: Schlagfertigkeit. Das Trainingsbuch, Planegg 2002.

Nöllke, M.: Schlagfertigkeit, Planegg 2005.

Pesch, L.: Moderation und Gesprächsführung. Wie Kindergärten TOP werden, Berlin 2001.

Pesch, L.; Sommerfeld, V.: Beschwerdemanagement. Wie Kindergärten TOP werden, Weinheim Berlin Basel 2002.

Pöhm, M.: Nicht auf den Mund gefallen, München 2004.

Portner, J.: 30 Minuten für perfekten Small Talk, Offenbach 2000.

Reisch, R.: Elterngespräche kompetent und professionell führen, Wien 2005.

Rückert, E.; Schnabel, M.: Im Gespräch Eltern verstehen lernen. Praktikerinnen entwickeln mit dem IFP Qualifizierungsaspekte für kommunikationsfördernde Gesprächsführung. In: In KiTa aktuell 2001 (BY), 2001(5), 100–103.

Rückert, E.; Schnabel, M.; Minsel, B.: Gespräche mit Eltern unter der Lupe. Eine Untersuchung über kommunikative Kompetenzen von Erzieherinnen. In: TPS, 2001 (1) 46–49.

Ryborz, H.: Die Kunst zu überzeugen. Wie Sie Menschen für sich gewinnen. München 1998.

Ryborz, H.: Geschickt kontern. Nie mehr sprachlos, Regensburg Düsseldorf 2004.

Schlösser, E.: Zusammenarbeit mit Eltern – interkulturell. Informationen und Methoden zur Kooperation mit deutschen und zugewanderten Eltern in Kindergarten, Grundschule und Familienbildung, Münster 2004.

Schnabel, M.: Im Teufelskreis der negativen Emotionen. Wie die Spirale der Negation im Elterngespräch aufgebrochen werden kann. In: klein & groß 2001(6), 20–23.

Schnabel, M.: Inhouse-Training: Gesprächsführung in Kindertageseinrichtungen – Lernerfolg mit Garantie? In: Bildung Erziehung Betreuung. IFP-Infodienst, 2002(1), 26–28.

Schnabel, M.: Blockaden im Elterngespräch ausräumen. In: Bildung Erziehung Betreuung. IFP-Infodienst 2004,15–18.

Schnabel, M.: Emotionen im Elterngespräch richtig handhaben! In: Bildung Erziehung Betreuung. IFP-Infodienst 2004,15–18.

Schnabel; M.: Wie Kindergarten und Eltern über die Entwicklung der Kinder ins Gespräch kommen. In: Kinderzeit 2006, 20–23.

Schulz von Thun, F.: Miteinander reden, Band 2: Stile, Werte und Persönlichkeitsentwicklung. Differenzielle Psychologie der Kommunikation, Hamburg 1989.

Spachtholz, B.: Power-Atem. Die Kraftquelle des Atems erschließen, Regensburg Düsseldorf 1999.

Stürmer, G.: Neue Elternarbeit, Freiburg 2003.

Tausch, R.; Tausch, A.-M.: Gesprächspsychotherapie, Göttingen Toronto Zürich 1990/9.

Verlinden, M.; Külbel, A.: Väter im Kindergarten. Anregungen für die Zusammenarbeit mit Vätern in Kindertageseinrichtungen für Kinder, Weinheim Basel 2005.

Vilsmeier, C.: Feedback geben – mit Sprache handeln. Spielregeln für eine bessere Kommunikation, Düsseldorf Berlin 2000.

Watzlawick, P.; Janet, H. B.; Don, D. J.: Menschliche Kommunikation. Formen, Störungen, Paradoxien, Bern 2000.

Weisbach, C.-R.: Professionelle Gesprächsführung. Ein praxisnahes Lese- und Übungsbuch, München 2001/5.

Welzien, S.; Schenker, I.: Entwicklungsgespräch: Wo steht mein Kind? Freiburg 2006.

Zittlau, D.: Schlagfertig kontern in jeder Situation, München 1998.